赚上 100 万不是梦

——瑞士理财专家教你如何创造和管理财富

［瑞士］雅克·塔斯勒（Jacques Trachsler）
［瑞士］费利克斯·霍拉赫（Felix Horlacher） 著

瑞伯职业技能培训（上海）有限公司 译

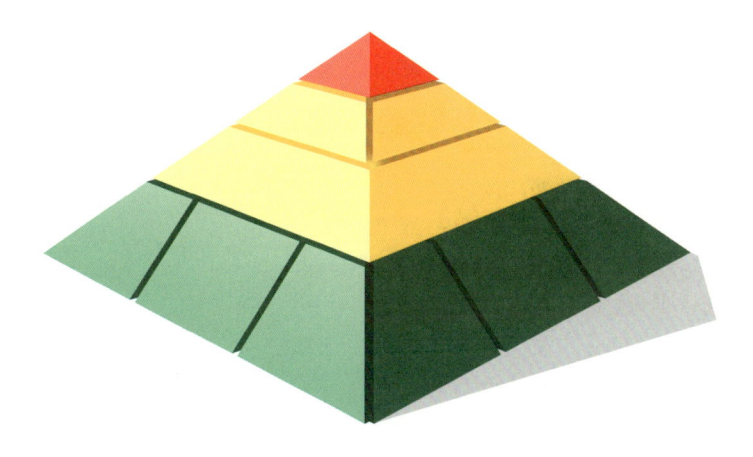

上海财经大学出版社

图书在版编目（CIP）数据

赚上一百万不是梦 /（瑞士）雅克·塔斯勒（Jacques Trachsler），（瑞士）费利克斯·霍拉赫（Felix Horlacher）著；瑞伯职业技能培训（上海）有限公司译. -- 上海：上海财经大学出版社，2020.1
ISBN 978-7-5642-3384-6/F.3384

Ⅰ. ①赚… Ⅱ. ①雅… ②费… ③瑞… Ⅲ. ①投资—基本知识 Ⅳ. ①F830.59

中国版本图书馆CIP数据核字(2019)第222733号

策划编辑：刘　兵
责任编辑：杨　娟
封面设计：张克瑶
版式设计：朱静怡

赚上100万不是梦

著 作 者：雅克·塔斯勒（Jacques Trachsler）　著
　　　　　费利克斯·霍拉赫（Felix Horlacher）
　　　　　瑞伯职业技能培训（上海）有限公司 译
出版发行：上海财经大学出版社有限公司
地　　址：上海市中山北一路369号（邮编200083）
网　　址：http://www.sufep.com
经　　销：全国新华书店
印刷装订：上海新文印刷厂
开　　本：710mm×1000mm　1/16
印　　张：12.5印张
字　　数：197千字
版　　次：2020年1月第1版
印　　次：2020年1月第1次印刷
定　　价：98.00元

作者寄语

亲爱的读者朋友们：

真希望在我们两位还年轻的时候，也能有这样一本书放在案头，供我们随时阅读。

那样的话，我们就能有更多的时间来建设我们自己的资产金字塔，并且能更好地了解市场和投资的相关知识。

现在，你拥有了这本书，你也就拥有了我们不曾得到的这些优势。

前言　百万财富还是一团乱麻？

100万，是一个有魔力的数字。

800万，则是一个幸运数字。

好消息是：这绝非只是痴人说梦。

举个例子：假如每年节省出15 000元，并将其投资于收益率5%的项目，那么30年之后，这笔财富就将增长到100万元。

单单这一个例子就可以说明：你需要的是一个清晰的理财规划，并且能够坚持执行这个规划。

大部分人并没有理财规划，或是更愿意将手头的资金用于消费，而不是用于储蓄和未雨绸缪。

又或者，他们难以在乱七八糟的债券、保险产品、投资基金、房地产、股票、期权、金融衍生产品和期货合约等理财项目中理清头绪，于是就干脆放弃挣扎，听天由命。

而且，一个人是否能在投资项目中成功获利，很多时候也只是单纯地看他走不走运。

这本书不仅会帮助你理清看似一团乱麻的各种理财产品，而且会帮助你向着100万元甚至数百万元财富前进，帮助你培养并提高个人投资理财能力，以便你能够：

——实现重要目标，比如创造可观的财富。

——确保资产安全，实现经济独立。

——舒舒服服地退休，甚至提前退休。

当然了，最清楚你有哪些心愿和目标的人就是你自己。

历史和经验不容置疑地表明：即使是聪颖过人的人也有可能在理财方面一败涂地。

谨小慎微的投资者常常会错过绝佳的机会。

带有赌徒心态的投资者总是遭受挫折。

那些因为盲目相信投资经理，到晚年时只能拿到一点点钱的失败者也是随处可见。

还有那些已经不是投资新手，却仍然不愿意相信自己可以创造出100万元，甚至是800万元财富的理财者。其实，他们所缺少的就是一个周密的理财规划。

养老金保险

美国股票

财产保险

债券

美元

黄金

期权

房地产

期货

欧元

责任保险

证券账户

退休金

现金

一团乱麻——你的理财活动缺乏秩序

将你已经做出的投资看作建筑用砖。这些砖块将会系统地构建成你的个人资产金字塔。

由此,一团乱麻就会被理清,你的资产将从此进入可规划时代。

不可预测的风险会被消除,在长期投资中取得成功将不再是偶然事件。

定期存款

私人住房

百万财富还是一团乱麻

大部分人只是缺少相应的计划和策略来避免一团乱麻的局面。此外，很多人也认识不到或是不敢相信，这种局面是可以避免的。

本书将帮助你为你的资产金字塔垒下第一块基石。

通过阅读本书，你将了解到如何通过一套经受过考验的瑞士体系来创造并管理你的百万元财富。

只需要使用常识就基本足以用来建造你的百万元资产金字塔了。

当然了，如果你能为此花费更多的时间，效果也就会越好。

雅克·塔斯勒，费利克斯·霍拉赫
2019 年秋，于瑞士苏黎世

▶ **特别致敬**

于尔克·M. 拉特曼（Jürg M. lattmann）(1946—2013)，一名伟大的投资领域哲学家，同时也是本书在瑞士和德国所发行第一版的共同作者。可惜英才已逝，在此寄托我们的哀思。

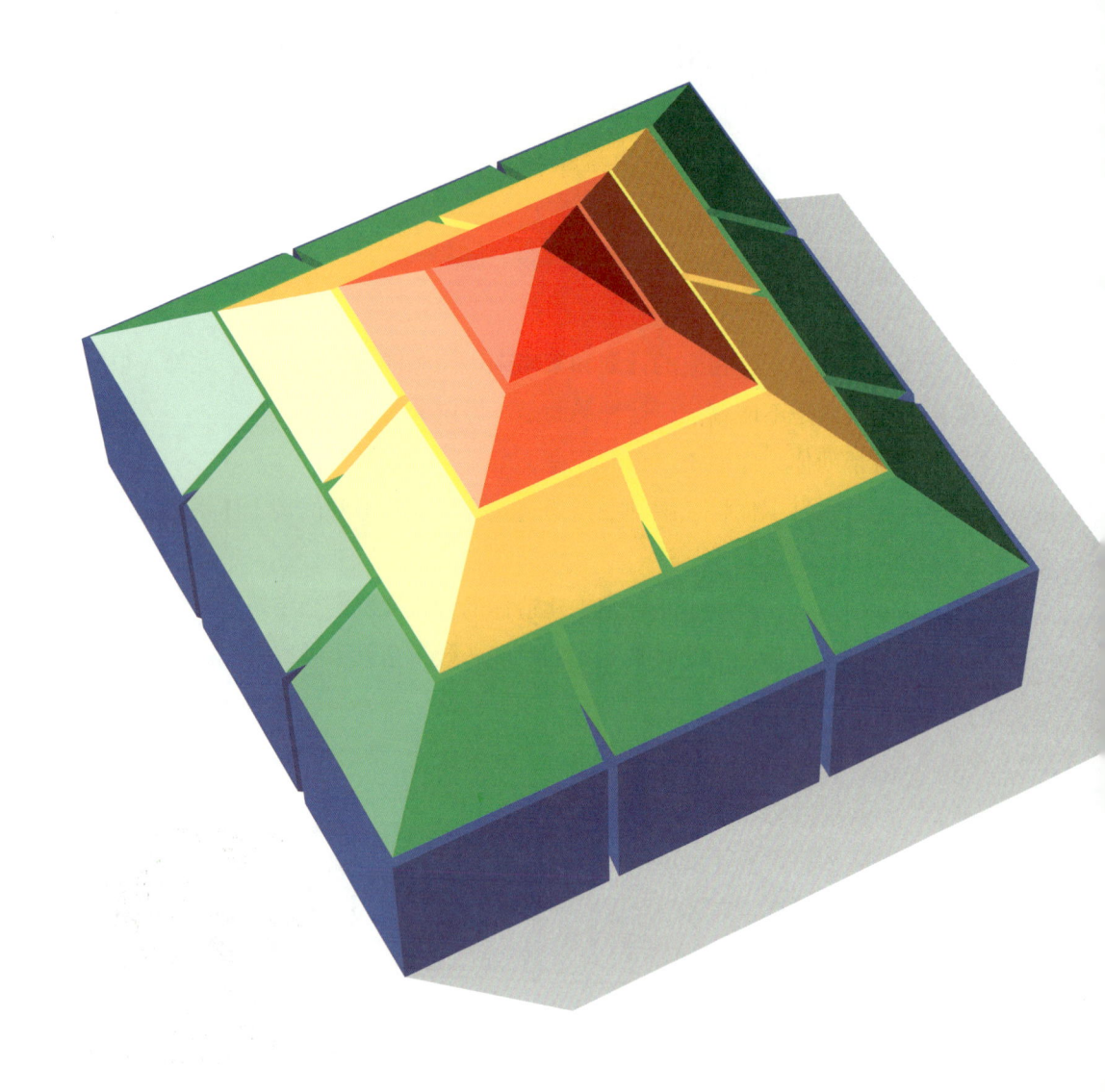

坚实的资产金字塔——这就是你的目标

每一个建筑工地最开始都只是堆着一片乱七八糟的建筑材料。多亏有了建筑蓝图、建筑工具和劳动投入,这些乱七八糟的建筑材料才能变成一栋房子。同样的道理也适用于创造百万元财富。本书将帮助你从一片混乱中建立起属于你的美轮美奂的百万元财富大厦。

目录
CONTENTS

- 1   作者寄语
- 1   前言   百万财富还是一团乱麻？
- 1   第一章   100万，800万
- 11   第二章   "Do It Yourself"，自己动手做
- 17   第三章   风险
- 37   第四章   目标
- 51   第五章   建筑蓝图
- 69   第六章   建筑用砖
- 107   第七章   施工阶段
- 125   第八章   维修及改造的20个忠告
- 157   附录及专有名词解释

第一章

100万,800万

感谢系统学，使百万元"财富大厦"这样的梦想是可以被实现的。
谁投入更多的时间，谁就更有可能成为富翁。

如果起步比较晚的话，那就必须开动赚钱的涡轮发动机全速前进了。

现在，就让我们朝着你的 100 万元甚至 800 万元财富前进吧！

如果是为了实现其他的目标和心愿，你有可能会需要更多的财富。不过现在，让我们先把目光聚焦在你的经济保障以及晚年的经济独立上。

在晚年时拥有足够的财富，这难道不是一个值得为之奋斗的目标，甚至是终极目标吗？这难道不比私人房产，比再买一辆新车，或是其他令人蠢蠢欲动的目标更重要吗？

从今天开始，为晚年时光储蓄和投资应该成为你家庭财务预算中仅次于食物和保险的重要项目，而不再是一个能剩多少就存多少的无足轻重的部分。

你的首要任务就是开始使用下面这个表格——"如何成为百万富翁"（见表 1-1）。

我们先来看看这个表格中的第一个例子（见表 1-1 中绿色方格）：你希望在 35 年内挣到 100 万元并退休。

为了达成这个目标，你必须从现在开始，每个月节省出 180 元，坚持 35 年，并且将节省下来的钱投资到收益率 12% 的项目中去（按照表 1-1，你应该在每年年末时将当年储蓄下的资金进行投资）。

如果你已经拥有了一定的资产，也可以现在就一次性投资 19 000 元，35 年之后，也能收获 100 万元。

同样还是投资于收益率 12% 的项目（在后文中，你会了解到如何在投资中保持 12% 的高收益率），如果要达成坐拥 800 万元的目标，那么将刚才的数据乘以 8 就可以实现，即每月储蓄 1 440 元，或者一次性投资 152 000 元。

第二个例子（见表 1-1 中蓝色方格）：你希望为你刚出世的孩子留出一笔 25 年之后可以供其使用的启动资金，可能是一家初创公司，也可能是一套房产。

为此，你需要每月储蓄 1 100 元，坚持 25 年，或者一次性投资 147 000 元。投资项目的获利率应该为 8%。

第三个例子（见表 1-1 中黄色方格）：你希望在 30 年之内分两个阶段收获 800 万元的财富。你可以在第一个阶段进行每个月的储蓄，坚持 15 年（理想的收益率为 12%），然后将第一阶段积累的财富进行一次性的为期 15 年的第二阶段投资（理想的收益率为 8%）。

根据表格进行计算可以得出结论：你在第一阶段的 15 年间，必须每个月储蓄 5 100 元（四舍五入后），并且投资于收益率为 12% 的项目。这样 15 年后，你就会拥有大概 253 万元，再将这 253 万元一次性投资于收益率为 8% 的项目，15 年之后，它们就将增长到 800 万元。

以下是表格中计算的详细过程。第一步运算：第 16 年—第 30 年中，收益率为 8%，目标为 800 万元，316 000 × 8 = 2 528 000，由此得出第 15 年年末时应拥有 2 528 000 元。第二步运算：第 1 年—第 15 年中，收益率为 12%，2 528 000 ÷ 1 000 000 × 2 000 = 5 056，也就是每个月应储蓄 5 056 元。

表 1-1　如何成为百万富翁

积累到100万元财富所需的年数	按照不同的投资利率 / 积累到100万元财富需要投入的资金	3%	4%	5%	6%	7%	8%	9%	10%	11%	12%
5	需要一次性投入的金额	863 000	822 000	784 000	748 000	713 000	681 000	650 000	621 000	594 000	568 000
	需要每月储蓄的金额	15 300	14 800	14 700	14 000	13 600	13 200	12 800	12 400	12 100	11 800
6	需要一次性投入的金额	838 000	791 000	747 000	705 000	667 000	631 000	597 000	565 000	535 000	507 000
	需要每月储蓄的金额	12 600	12 100	11 700	11 300	10 900	10 600	10 200	9 900	9 500	9 200
7	需要一次性投入的金额	814 000	760 000	711 000	666 000	623 000	584 000	548 000	514 000	482 000	453 000
	需要每月储蓄的金额	10 600	10 200	9 500	9 400	9 000	8 700	8 400	8 000	7 700	7 400
8	需要一次性投入的金额	790 000	731 000	677 000	628 000	583 000	541 000	502 000	467 000	434 000	404 000
	需要每月储蓄的金额	9 100	8 700	8 400	8 000	7 600	7 300	7 000	6 700	6 400	6 100
9	需要一次性投入的金额	767 000	703 000	645 000	592 000	544 000	501 000	461 000	425 000	391 000	361 000
	需要每月储蓄的金额	8 000	7 600	7 200	6 900	6 600	6 200	5 900	5 600	5 300	5 100
10	需要一次性投入的金额	745 000	676 000	614 000	559 000	509 000	464 000	423 000	386 000	353 000	322 000
	需要每月储蓄的金额	7 100	6 700	6 400	6 000	5 700	5 400	5 100	4 800	4 500	4 300
11	需要一次性投入的金额	723 000	650 000	585 000	527 000	476 000	429 000	388 000	351 000	318 000	288 000
	需要每月储蓄的金额	6 400	6 000	5 600	5 300	5 000	4 700	4 400	4 100	3 900	3 700
12	需要一次性投入的金额	702 000	625 000	557 000	497 000	445 000	398 000	356 000	319 000	286 000	257 000
	需要每月储蓄的金额	5 800	5 400	5 000	4 700	4 400	4 100	3 800	3 600	3 400	3 100
13	需要一次性投入的金额	681 000	601 000	531 000	469 000	415 000	368 000	327 000	290 000	258 000	230 000
	需要每月储蓄的金额	5 200	4 900	4 500	4 200	3 900	3 600	3 400	3 100	2 900	2 700
14	需要一次性投入的金额	662 000	578 000	506 000	443 000	388 000	341 000	300 000	264 000	232 000	205 000
	需要每月储蓄的金额	4 800	4 400	4 100	3 800	3 500	3 200	2 800	2 500	2 500	2 300
15	需要一次性投入的金额	642 000	556 000	482 000	418 000	363 000	316 000	275 000	240 000	210 000	183 000
	需要每月储蓄的金额	4 400	4 000	3 700	3 400	3 100	2 900	2 700	2 400	2 200	2 000
16	需要一次性投入的金额	624 000	534 000	459 000	394 000	339 000	292 000	252 000	218 000	189 000	164 000
	需要每月储蓄的金额	4 100	3 700	3 400	3 100	2 800	2 600	2 400	2 200	2 000	1 800
17	需要一次性投入的金额	606 000	514 000	437 000	372 000	317 000	271 000	232 000	198 000	170 000	146 000
	需要每月储蓄的金额	3 800	3 400	3 100	2 800	2 600	2 300	2 100	1 900	1 700	1 600
18	需要一次性投入的金额	588 000	494 000	416 000	351 000	296 000	251 000	212 000	180 000	153 000	131 000
	需要每月储蓄的金额	3 500	3 200	2 900	2 600	2 300	2 100	1 900	1 700	1 500	1 400
19	需要一次性投入的金额	571 000	475 000	396 000	331 000	277 000	232 000	195 000	164 000	138 000	117 000
	需要每月储蓄的金额	3 300	2 900	2 600	2 400	2 100	1 900	1 700	1 500	1 400	1 200
20	需要一次性投入的金额	554 000	457 000	377 000	312 000	259 000	215 000	179 000	149 000	125 000	104 000
	需要每月储蓄的金额	3 100	2 700	2 400	2 200	1 900	1 700	1 500	1 400	1 200	1 100
21	需要一次性投入的金额	538 000	439 000	359 000	295 000	242 000	199 000	164 000	136 000	112 000	93 000
	需要每月储蓄的金额	2 900	2 600	2 300	2 000	1 800	1 600	1 400	1 200	1 100	1 000
22	需要一次性投入的金额	522 000	422 000	342 000	278 000	226 000	184 000	151 000	123 000	101 000	83 000
	需要每月储蓄的金额	2 700	2 400	2 100	1 900	1 600	1 400	1 300	1 100	1 000	900
23	需要一次性投入的金额	507 000	406 000	326 000	262 000	211 000	171 000	138 000	112 000	91 000	74 000
	需要每月储蓄的金额	2 500	2 200	2 000	1 700	1 500	1 300	1 100	900	900	800
24	需要一次性投入的金额	492 000	391 000	311 000	247 000	198 000	158 000	127 000	102 000	82 000	66 000
	需要每月储蓄的金额	2 400	2 100	1 800	1 600	1 400	1 200	1 000	900	800	700
25	需要一次性投入的金额	478 000	376 000	296 000	233 000	185 000	147 000	116 000	93 000	74 000	59 000
	需要每月储蓄的金额	2 300	2 000	1 700	1 500	1 300	1 100	1 000	800	700	600
30	需要一次性投入的金额	412 000	309 000	232 000	175 000	132 000	100 000	76 000	58 000	44 000	34 000
	需要每月储蓄的金额	1 700	1 500	1 200	1 000	830	690	570	470	380	310
35	需要一次性投入的金额	356 000	254 000	182 000	131 000	94 000	68 000	49 000	36 000	26 000	19 000
	需要每月储蓄的金额	1 400	1 100	880	710	570	450	360	280	220	180
40	需要一次性投入的金额	307 000	209 000	143 000	98 000	67 000	47 000	32 000	23 000	16 000	11 000
	需要每月储蓄的金额	1 100	850	660	510	400	300	230	180	130	100
45	需要一次性投入的金额	265 000	172 000	112 000	73 000	48 000	32 000	21 000	14 000	10 000	7 000
	需要每月储蓄的金额	880	670	500	370	280	200	150	110	80	60
50	需要一次性投入的金额	229 000	141 000	88 000	55 000	34 000	22 000	14 000	9 000	6 000	4 000
	需要每月储蓄的金额	720	530	380	280	200	140	100	70	50	40

注：要积累到100万元，需将每月储蓄的全部资金在每年年末时进投资。
在……年内：计划中积累到100万元财富所需的年数
1x = 按照不同的投资利率，达到100万元所需要的一次性投资金额。
每月 = 按照不同的投资利率，达到100万元每月要储蓄的金额。每年年末时将本年储蓄下的资金进行投资。

想要迅速为财富积累打好基础,是有非常管用的窍门的。

预先确定一个较高的收益率,然后通过加薪和奖金等额外投入来填补差额,维持这个高收益率。

开动获取利息的涡轮发动机

到底怎么样才能长期保持 8% 甚至是 12% 这样的高收益率呢?

(简单的例子:中小型价值股在全球范围内实现了长期保持在 12% 以上的收益率。)

开动利息涡轮发动机的方法:把你的投资计划写下来,理清楚根据所选择的收益率,如何才能使你的资产在一年、两年或是多年内达到既定的目标。

接下来,将计划中的数额和你在现实中通过储蓄及股票等投资项目可以挣到的资金金额进行比较。如果实际上的金额少于计划需要的数额,那就通过额外的资金投入来补齐差额,比如通过奖金或者加薪。

如果到了一年的年末,积攒下的资金超过了计划需要的数额,那就将超出的部分先取出来,作为预留资金,以便填补将来某一年积攒下的资金不足时的差额。

这条策略有一个优点,就是可以自动进行调节:当股票类的投资项目价格下跌、维持低价的时候,就加大资金投入,额外买进;相反,如果到了年末,股票或其他投资项目处于高价时,就将其卖出。

低买高卖——这是经典的投资操作手段。

现在让我们假设,你打算从 2000 年初到 2018 年底,对恒生中国企业指数(HSCEI)[①]进行股票投资,每年投入 5 000 元资金。也就是一共 19 年,每年投

[①] 简称国企指数或 H 股指数,反映了在中国香港交易所上市的 H 股中较大型股的表现,与恒生指数不同,HSCEI 成份股的数目并没有限制,但必须为市值最大,且在恒生综合指数成份股内的 H 股。

入 5 000 元，总投入资金是 95 000 元。

假如计划中制定的收益率为 5%，那么 19 年后你投入国企指数的资金就将达到 160 000 元，你的总投入为 58 000 元（95 000 元减去 5% 溢缴款），净收益为 102 000 元。

假如计划中制定的利润率为 8%，那么 19 年后你在国企指数的资金就将达到 224 000 元，你的总投入为 113 000 元，净收益为 111 000 元。

假如计划中制定的利润率为 12%，那么 19 年后你在国企指数的资金就将达到 355 000 元，你的总投入为 232 000 元，净收益为 123 000 元。

如果你要在一定的时间范围内启动涡轮发动机计划，那就一定要细心观察这一时间段末期的市场走势。因为如果此时市场出现大幅度的回落，那么一直以来积累的资金就可能损失惨重。如果股票强势上涨，或是你的投资总体上呈现强势上涨态势，持有的资金已经达到甚至是超过了你之前制定的目标，那么更稳妥的做法就是抛售并且继续日常储蓄。

少壮不努力，老大徒伤悲；少壮不储蓄，老大亦伤悲。算下来，这会是一笔让人目瞪口呆的账。父母、祖父母和其他长辈应该如何给一个新生儿打好理财投资的基础呢？

尽早开始

通过下面这个让人瞠目结舌的例子，我们就可以体会到，在创造第一个100万元财富的过程中，时间扮演了一个多么重要的角色。

汉斯早早就做好了投资理财计划，目标是100万元的财富。他从19岁生日开始，每年积攒下4 000元。相反，约翰觉得自己还有充足的时间，不需要这么早开始投资理财，决定直到29岁生日再开始储蓄。

10年间，汉斯用积攒出的40 000元本金进行投资，到第10年年末已经拥有了一笔小小的财富——62 582元。以此为转折点，29岁的汉斯启动了年平均收益率为8%的涡轮发动机计划，并且从此开始，他就不需要再继续存钱了。与此同时，29岁的约翰还是两手空空，并且刚刚开始着手进行理财投资。

就这样到36年之后，约翰和汉斯都到了该退休的年纪——65岁。汉斯涡轮发动机计划中的年平均收益率始终保持在8%。

此时，经过36年的复利，汉斯启动涡轮发动机计划时投入的62 582元资金已经增长到了1 079 265元，其中，40 000元为最开始通过储蓄得到的本金。

65岁的约翰在36年间一共储蓄了144 000元（36×4 000），并将它们作为本金用于投资，经过8%收益率的复利，它们现在增长到873 264元。

由于汉斯的长远目光，早早就开始了理财投资，他在两个方面都超过了约翰。

首先，他一共只投入了 40 000 元本金，而约翰则投入了 144 000 元本金——比汉斯本金的 3 倍还多。

其次，到 65 岁时，汉斯拥有的财产比约翰多出了 20 余万元。

由此可见，即使为了投资理财需要做出的牺牲对年轻人来说相对较大，尽早开始仍然是非常值得的。

投入一点钱，备一份大礼

如果是我，我会送给我新出生的孙子孙女什么礼物呢？送现金好像是一个很缺乏想象力的选择，但却是永远都非常实用的。

每个月都为新生儿存下 1 686 元，并且按照投资计划将这些钱用于收益率为 8% 的理财项目，20 年后，你就会得到为你孙子、孙女准备的 100 万元大礼。如果是在一开始时一次性投入 214 513 元，也能得到相同的结果。

控制好附加费用

此外，你也要留意银行和经纪人收取的服务费、手续费及雇佣金等附加费用。由于复利投资机制，即使只是将每年用于这部分费用的开支下调 0.5 个百分点，也能为你多赚一笔不小的钱了。

比如说，你每年将按计划储蓄出的 10 000 元投资于平均收益率为 8% 的项目，20 年后你将收获 494 000 元。如果由于服务费类的附加费用较高，导致平均收益率只能达到 7.5%，那么，20 年后你就只能收获 466 000 元。如果是将投资的时间长度拉到 40 年，那么结果将分别是 280 万元（8%）和 240 万元（7.5%）。

20 年间，由于服务费一类的附加费用过高，蒸发掉的利益是 28 000 元。如果是 40 年，那么蒸发掉的利益就将高达 40 万元。这些钱最后装进了银行或是经纪人的腰包。所以说，控制好附加费用永远都是非常值得的。

第二章

"Do It Yourself",
自己动手做

投资理财的过程中常常会遇到失败。

100万元或者是800万元的目标看起来遥不可及。

好消息：你拥有主场优势。你必须要学会利用你的主场优势。

我？我自己DIY？我难道可以自己动手操控我的钱和其他资产吗？我可是对金融这一类的事情知之甚少甚至一无所知啊。

错！你仔细想想看，早在一开始，你就拥有无可辩驳的主场优势。

没有人比你自己更了解你的收入和支出情况，清楚你的心愿和目标。

当制定计划和策略时，这将是你非常宝贵的优势。

你可能就如何获取财富这个问题接受过非常棒的专业培训。

你也可能学习过如何持家理财，并且杜绝入不敷出的情况出现。

但是当面对各种投资项目时，问题还是不断出现。

一些人的人生是如何结束的？赚到了100万元又稀里糊涂地花掉了；事业有成，经济状况却一团乱麻；太晚才意识到应该认真对待投资理财这个问题。

事后人们才会发觉，投资理财的风险被低估了，保险和保障措施做得不够。

从现在起，我们要改变这种情况。你以后应该"DIY"，自己动手做，应该能够为你的理财之路制定一个目标明确的计划。

因此，我们现在要从你的资产金字塔开始行动。

你的资产金字塔会帮助你实现你的目标，使你的百万财富梦想不再是水中月、镜中花。

从图2-1我们可以看到，并不是所有的金字塔都是一样的。

金字塔有小的、有大的、有不稳定的、有坚固的、也有协调的。

你专属的资产金字塔，或者说是你的财富大厦，将会是这本书中不变的主题。

你将能够靠自己一手建造起属于你的美观、坚实、协调的资产金字塔。

"自己动手？"——再强调一遍——对你的资产、你的未来、你的心愿和目标最了如指掌的人就是你自己。

你自己最清楚，你怎么样可以多赚一点、少花一点，从而多积蓄一点。

你可以试着在心里做下面这个简单的计算：

如果你在未来的 10 年里能够多赚 10%，甚至还能少花 10%，那么你能多积攒出来多少钱？

我们可以确定的是：你自己最清楚你现在和将来的个人资金周转情况——收入、支出、投资、保障。

因此，毋庸置疑，你就是你自己资产的最佳操控人选。

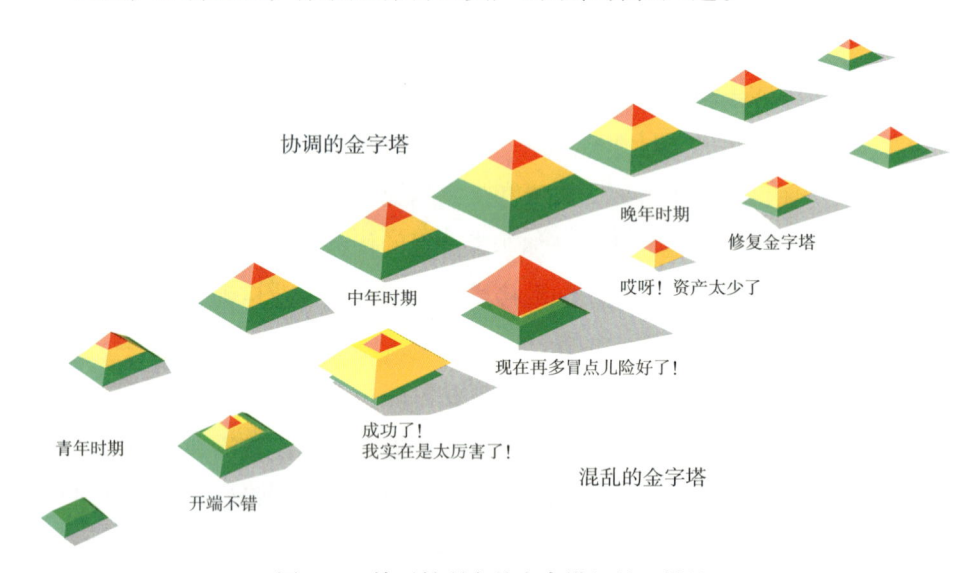

图 2-1　并不是所有的金字塔都是一样的

骄兵必败

你的资产金字塔应该在增长的同时保持稳定，同样，到晚年时也应该在收缩的同时保持稳定。

如果由于理财人的狂妄自大和目空一切，导致资产金字塔杂乱无章地增长，那么失衡和系统的崩溃就在所难免。

如果情况糟糕的话，你有可能在晚年时只能拥有很少的资产，或者你必须为你的资产金字塔付出高昂的维修费用或者改造费用。

通过"自己动手做",可以节省雇用专家的酬金。
社会老龄化?坚持"自己动手做",制定稳妥的计划和策略。

在你成为百万富翁的路上需要克服什么样的困难,面临什么样的不足,一个陌生人是不可能完全理解的。

每个人都有自己很长的理财故事,但是不会有哪个理财顾问或是银行工作人员愿意听你讲述你的故事,因为他们没有时间。

因此,也不会有哪个人能像你自己那样对待你的资产。

一个陌生人也永远不可能准确地评估你承受风险的能力。

有可能你在自己的一个投资项目上投入的时间,比理财顾问或者银行工作人员在一打客户身上投入的都要多。

而且,专业的资产管理服务也不可能是免费的。通常合理的固定基本酬金是每年支付所管理资产的 0.5%~1%。

除此之外,还要有分红。若当年盈利,每年盈利的 10% 将作为分红支付给资产管理经理人——即使这一年的盈利只是弥补了(也可能甚至无法完全弥补)之前留下的亏损。

委托给陌生人管理的资产越多,支付出去的酬金就越不划算。为管理 100 万元资产所做的工作并不比管理 10 万元资产多多少。

"自己动手做"就可以避免这笔开销,可以为你节省下成千上万的酬金,你的资产就会增长得更为迅速。

一个世界范围内的未来难题就是社会老龄化。

能够劳动的青中年越来越少,然而需要社会赡养的退休人员却越来越多。

按照这个发展趋势,自己管理自己的百万财富,将会是一种比较稳妥的做法。

当你制定好自己的金字塔的建筑蓝图之后，就要选择需要填充进去的"砖石"了，也就是选择具体的投资项目。

如果你不想亲自在金融市场中选取适合的投资项目（交易所交易基金或股票等），你也可以就比较特殊的投资项目咨询相应领域的专家。注意，只有在已经设计好金字塔建筑蓝图之后，才向专家进行咨询。

还有，不要忘记告诉银行工作人员、经纪人或者理财顾问你的第一原则——不能亏钱！

第三章

风险

在市场繁荣时期，投资者总是非常乐于承担风险。
而在市场崩盘之后，相同的投资者却再也不能容忍风险的存在了。

没有人愿意亏钱。让我们记住下面这句话，不仅仅是针对本章内容，而是作为一句格言：尽可能不要亏钱。

换句话说，要把风险降到最低，除了经过考虑和估算的风险之外，什么风险都不要承担，或者干脆就不置身于风险之中。

这话说起来容易，要做到却没那么简单，因为风险可能来自四面八方。

首要的风险就是你本人——自身风险。

其次就是市场风险，市场和投资项目并不一定会发展得很好。

还有债务风险，当一家公司或一个国家宣布破产时，资金就会流失。

对手风险也是其中一种，指的是交易对手——比如银行、经纪人、代理商。在不总是公开透明的金融市场因某些原因破产，导致无法履约带来的经济损失。

理财顾问也是一个风险，他选择的投资项目有可能太过单一，也有可能他本来就纯粹是在投机。

此外还有系统风险，比如某种外币或是通货膨胀带来的冲击。

但是，投资理财中最大的风险永远都是投资者——你自身。你的举措将会直接或间接地决定其他风险因素。

当你不满足于单纯的银行储蓄利息，想要追求更高的收益率时，你就已经置身于风险之中了。

很多时候，亏损就是在将利息储蓄账户中的钱用于"更聪明"的投资时形成的，而且这些投资都多多少少具有一些侵略性。

第三章　风险

此外，亏损也可能因为投资者太过保守谨慎而产生。这样的投资者会错过一些很好、很安全的盈利机会。

还有，男士们要注意了！男士更爱在机会中"周旋"，相较于女士更偏好投机，也因此更容易造成亏损。

总的来说，亏损的主要来源就是贪婪和恐惧，这二者都会蒙蔽你的双眼，让你无法看清市场中真正的好机会以及市场的真实情况。

要避免这种情况，首先有必要弄清楚你是这两种类型中的哪一种。怎样才能搞清楚你自己对风险的容忍程度呢？有什么办法能进行测试吗？

为了实现这个目的，我们接下来就来测试一下你对安全性的要求有多高。测试的结果对于如何建造你的资产金字塔非常关键。

你个人从工作层面到生活层面的安全保障是第一位的。金钱只能排在第二位。

安全保障也不总是和金钱挂钩

安全保障有两个层面——自身安全和物质安全。

自身安全是买不来的，只有物质安全能够买到，或者说，至少可以买到一部分。

更为重要的是你身边的环境，你的工作、家人和朋友。这是你和谐与保障的来源。

比如你对于下面某个测试题的回答是"否"，问题的起因就和金钱无关。

如果你回答了"否"，就意味着在对你的生活环境和生活方式进行调整之后，你应该再问自己这个问题一次。哪些问题有必要被记下来再次思考呢？

你对下面这些问题的回答以及与其相对应的测试结果将最有发言权。

在做过下面的测试之后，才应该制定理财投资计划，反过来是不合适的。

首先对你的自身安全进行测试

	是	否
是否有稳定可靠的工作岗位……………………………………	☐	☐
是否对职业发展前景感到满意……………………………………	☐	☐
是否正享受着创业的自由…………………………………………	☐	☐
是否对自己的健康状况感到满意…………………………………	☐	☐
是否对自己的人身自由情况感到满意……………………………	☐	☐
生活是否幸福………………………………………………………	☐	☐
是否对自己的精神健康状况感到满意……………………………	☐	☐
婚姻生活是否和谐…………………………………………………	☐	☐
亲属关系是否和谐…………………………………………………	☐	☐

你的安全保障措施有多牢靠？
你是否为生活中可能发生的起伏准备了最为理想的保险措施？

在这一节，你将针对你的物质安全程度进行测试。

你是否已经具备了足够的、甚至是最理想的保险措施？

保险领域的问题对于"普通群众"来说往往很难搞清楚。

针对这个领域的问题，你可以向你的保险顾问或是其他独立提供服务的保险专家进行咨询。

实用小窍门：一定要先确保一个新的保险单和你已经拥有的其他保险单相互协调，再在这个新的保险单上签字。

这样就可以避免最终出现保险措施过剩或者不足的情况。

只有在你确保了自身安全，实现了生活层面的和谐，并且理清了保险措施之后，才能开始着手进行理财，创建资产金字塔。

如果以下情况发生，你是否有足够的／最佳的保险措施？

	是	否
意外事故	☐	☐
疾病	☐	☐
死亡	☐	☐
伤残	☐	☐
债务	☐	☐
住宅／家庭财产（火灾、水灾、入室盗窃等）	☐	☐

约定免赔额可以节省保险费用。

但是，免赔额的累积也是一种风险。

风险类型测试——看似无足轻重的问题却至关重要

对风险比较抵触的人，会选择在安全有保障的前提下进行理财。这就意味着挣到 100 万元需要花费的时间会更久。

相反，另一种风险类型的投资人就会快速冲锋，也因此承受了过多的风险。这常常跟投资人单方面对利息的看法有关。

零免赔额或低免赔额意味着该投保人有极强的安全意识，或是其无法承担损失可能产生的费用。部分投保人只为高风险项目投保，选择承担高免赔额。依靠其特地为此准备的储蓄金或救命钱，他们可以自己为一定金额的损失买单。这也是一个承受风险能力的标志。

在很不幸的情况下，免赔额也可能会累积，比如在一次交通事故中产生的住院费用和修车费用。

免赔额的问题需要你仔细考虑，或是向保险行业的专家咨询。

风险类型测试（一）免赔额

你保险项目中的免赔额是过高还是过低？

请你自己做出判断并打分：

零免赔额：1 分 ………………………………………… ☐

低免赔额：2 分 ………………………………………… ☐

免赔额适中：3 分 ……………………………………… ☐

高免赔额：4 分 ………………………………………… ☐

风险类型测试（二）生活环境

　　请你根据自己的判断和偏好，对下列生活中不同领域发生风险的可能性进行打分，从 1 分到 4 分，分别对应"零""低""中""高"。

	1 分	2 分	3 分	4 分
牌局、赌博：	☐	☐	☐	☐
运动：	☐	☐	☐	☐
开车：	☐	☐	☐	☐
健康情况：	☐	☐	☐	☐
投资：	☐	☐	☐	☐

对测试结果的分析请见下文。

你的总风险测试评分不应该超过 15 分。

总分不到 10 分？请你只对资产金字塔的底层进行投资。

风险类型测试结果

请你将刚才"风险类型测试（一）免赔额"和"风险类型测试（二）生活环境"中所得的分数加在一起得出结果。

大于等于 15 分：你非常乐于承受风险。但是现在请你诚实地想一想，你是否已经因此亏损了资金或是产生了不必要的开支？

11—14 分：你在投资理财和个人行为方面承受的风险处于平均水平。

小于等于 10 分：你对安全保障的要求非常高，即使是小额的亏损也会让你感到难以接受。因此，你最好对比较稳妥的项目进行投资。在你的资产金字塔中，你应该将重心放在低风险的底层投资项目上。

犹豫不决可能会耗费很多资金。

你觉得应该由理财顾问来替你做出重要的决定？

要提防这种错觉的出现。

你具有决断力吗？

无法下决心卖出、无法下决心以买入时的原价卖出。

迟迟不买进，因为眼下没有时间，或者说不情愿在这件事上花时间。

对市场的变化不做出反应、交易时反复动摇，这都是非常常见的做决断时表现出的弱点。

思考下面这个问题应该会有帮助：

你具备独立做决定的能力吗？

如果你的回答是"具备"，那么，你需要充足的时间来独自做出一定的分析。

某种程度的指导是必不可少的，但不能仅仅是以信息的形式。

否则，你有可能读到太多信息，也有可能读得太少，还有可能会产生理解上的偏差。

如果你的回答是"不具备"，那么，你过去都是将理财和投资方面的工作委托给资产管理经理人、银行工作人员、经纪人、财产托管人、税务顾问、保险专员等人。

只要你是以这种形式进行委托的，即使你并不负责针对你资产的实际操作工作，也必须要经常对各种项目的情况进行监督。

你对到目前为止接受过的理财指导是否满意？如果感到不满意，就换掉你的理财顾问。即使这么做有时会显得很不近人情，需要下很大的决心，甚至会破坏精心维护的人际关系网。

在换理财顾问的问题上，你不能犹豫不决、一拖再拖。说到底，这可跟你自己的财产有关。

理财指导——盲目乱买、闭眼挑猫

理财顾问是要收取佣金的，即使实际上你从来都不确定你将来是否能得到良好的服务。

你在理财指导中的付出主要是承担风险，也就是说，投资顾问或资产托管人的承受风险偏好以及个人性格都将转化为你需要承担的风险。

针对这个问题有一个窍门：你将你的投资项目分成不同的部分，分别委托给该领域的专家。比如说，将在亚洲股市、欧洲股市、美洲股市中的投资分别委托给各自领域的相关专家或基金经理。大宗资产的管理经理人也是这样操作的。但是，重要的决定需要你自己来做。

同样的道理，关于你投资的原则性决定也应该由你自己来做。

你自己的性格特点和心愿在投资中扮演了非常重要的角色，然而它们往往很难被表达清楚。通过和银行工作人员或是理财顾问等的简短谈话是根本不可能说清楚的。

因此，你需要明确的目标，以及对自己承受风险能力的清晰认识。只有做到这两点之后，你才能决定你应该从他人那里得到什么样的帮助。

总而言之，你自己说了算。

德国有句老话：拥有自知之明是进步最好的方法。

风险和你个人的性格有关

你个人的性格决定了你面对风险的态度。在投资理财时，你是悲观主义者、乐观主义者或是怀疑论者，是贪心、是吝啬或是个懒汉，都是会造成差异的。

让我们来仔细研究一下这六种性格类型，主要是他们在面对风险时表现出来的弱点。

这六种不同类型的人，分别会因为什么样的花言巧语上当呢？每一个"卖家"都早就学会了如何对付自己的顾客。

你应该知道自己属于这六种性格类型中的哪一种，或是其中哪几种的结合体。

悲观主义者

无论是在顺境中还是在逆境中，一个悲观主义者永远都满怀恐惧。在熊市中，这么做可以理解；在牛市中，他仍然会为可能到来的大跌担惊受怕。

当一个咨询师了解到一个悲观主义者的情绪时，他只需要预示末日或者是萧条的到来，就能紧紧抓住悲观主义者的心。

因此，悲观主义者常常错过很多其实并没有什么风险的机会，这些机会本可以让他在成为百万富翁的路上走得更快一些。

乐观主义者

对一个乐观主义者来说，每一次上涨趋势都像是通往财富顶峰的单行道——直到他在冲刺的路上摔个头破血流。

他在市场最惨淡、最黑暗的时候，眼中仍然有可行的操作和好机会。

善于蛊惑人心的咨询师对付乐观主义者的手段最为简单。他只需要描绘出一副大赚特赚的美好前景，用投影仪在墙上放映出一堆让人印象深刻的图表和数字，就足够让乐观主义者在合同上签字了。

乐观主义者会冒很多风险，同时也常常失败。

怀疑论者

怀疑论者不轻易相信别人——同时，他们也是不感情用事的人。

他们希望所有事情都白纸黑字，一清二楚，同时他们也会在琐碎的细节中迷失目标。他们可能会只见树木，不见森林，心中缺乏清晰的路线。

怀疑论者亟须一套目光长远的策略。而不是像会计一样只关注一堆堆的数据。

一个有经验的兜售者会夸赞怀疑论者做出的种种实际情况分析——这正是怀疑论者内心深处一直渴望得到的肯定。

接下来，只需要在怀疑论者身上玩一些小把戏，给他们展示一些让人印象深刻的方案，他们就会上钩了。

你感觉自己是悲观主义者、乐观主义者或是懒汉？不要紧。
有了自知之明，你就可以避免他人利用你的弱点做他们自己的
生意。

懒汉

大部分时候，懒汉手头上掌握的所有资料用一张卡片就能写下。今天他可能获得了巨额利润，明天他就会全面破产。

为了能够实现下一条投资"妙计"，他甚至会去贷款。

懒汉厌恶计划这种东西。生活对他来说就是由各种各样的意外组成的。

只要卖方在懒汉的鼻子前面放上一块肥饵，他就会立马咬钩。

实际上，懒汉在经济方面应该被好好监护起来，将他们和日常的经济事务隔离开。

贪心的人

这里所说的贪心绝不包含贬义或恶意。贪心的人在这里指的是希望获得更多认可的人。

按照心理学家的说法，贪心的人同时也追求更多的爱。

贪心的人并不会系统地计划如何为晚年时光积累财富，他只是单纯地追求更多收益。即使已经身处晚年时期，追求也不会停止。

当贪心的人嗅到高额利润的可能性，或是被以高额利润为诱饵引诱时，就会丧失对风险的判断能力。

吝啬的人

对吝啬的人来说，只有可以计算的东西，只有现金，才能算作是值得他保

卫的财产。

他在生活的各个方面都能省则省，而且他对很多事情往往都持否定态度。亏钱对他来说就意味着权力的丧失。

由于这种经常性的恐惧，吝啬的人缺乏计划，也缺乏对市场起伏的理解，吝啬的人不能容忍风险。

对吝啬的人来说，头号风险就是因缴税和通货膨胀导致的资金损失。

这个性格类型分析又一次显示：个人性格的不同，对待风险的态度也将是不同的、特殊的。

你也有可能在不同的性格类型中来回摇摆。

如果你能对你的性格类型了如指掌，那你就能尽可能避开将来有可能犯下的错误。

无论你拥有哪种性格，建造财富大厦最重要的还是稳定性、计划性和谨慎性。

只要买了债券，就可以高枕无忧了？请你马上忘记这种民间智慧。这句话顶多适用于顶级信用评级的AAA级债务人，而且是在没有通货膨胀的情况下。

轻松规避市场风险？

众所周知：股票、期权甚至是期货的风险都比国债要高。

但债券并不像民间所传的那样安全，买入之后就可以高枕无忧了。

20世纪80年代末期，"垃圾债券"的泡沫破灭。债务人信用评级不良的债券价格不断下跌，屡次突破底线。

2008年金融危机期间，这场闹剧再次上演。银行、保险公司以及负债累累的国家，如希腊、意大利、葡萄牙、西班牙等发行的债券一跌再跌。

最近的一场危机显示，信用评级机构的专家并不是一直都很可靠的。

信用评级机构对私人及公共债务人的信用进行评估。顶级信用评级为AAA级。

但是，如果市场处于十分动荡的阶段，公司或国家几乎一夜之间就会陷入走头无路的境地，这种情况下，来自信用评级机构的警告就太晚了。2008年的情况就是一个非常好的例子。在个别情况下，信用评级机构甚至会和被评级的公司串通一气，给予它们过高的评价。

不过，我们还是不能没有这些评级专家。毕竟，为了我们自己的投资利益，我们需要知道哪些债务人的信用评级是AAA，哪些不是。

结论：永远不要为了更高的收益试图投资信用评级或信誉质量有问题的债券。

投资 AAA 级债券，获取最大收益的最简单方法就是在周期利率的最高点买入。可惜的是，这种情况不会经常出现。（更多关于评级和评级机构的信息参见第 172 页—第 173 页）

在本书第六章"建筑用砖"一章中，你可以了解到如何显著降低股票投资中的风险。

更高的回报总是意味着更高的投资风险。
这个规律适用于绝大部分情况，当投资与外币有关时更是如此。

货币投资的风险：跨越国界的诱惑

在外国投资有时能获得更多的利息，比如投资一个为期 5 年的外币债券。我们假设这样做能够多收获 6% 的利息。

要去承担这个经过估算的风险吗？

专业的投资者会根据这个简单的公式进行计算：利率增加 6% 意味着即使外币汇率在未来 5 年内下跌 30%（5×6%），结果仍然与投资本国货币债券一样好。

如果外币在 5 年后与本国货币的汇率下跌不到 30%，这笔投资就会获得额外的收益。

投资外币始终伴随着关于信誉和市场的额外风险。此外，还需要加上换汇的费用。这些也真的是你想要的东西吗？

投资货币的风险一方面取决于各国的信誉程度，另一方面也取决于当前的、并不总是"讲求逻辑"的市场预期。外币价值有可能会被低估，也有可能会被高估。

高回报 = 高风险，等号始终成立

安全金字塔和倒立的收益金字塔——这两个金字塔就像暹罗双胞胎（世界著名连体双胞胎）。

当安全金字塔中的风险指数升高时，隔壁收益金字塔中的收益率也将上升（见图 3-1）。

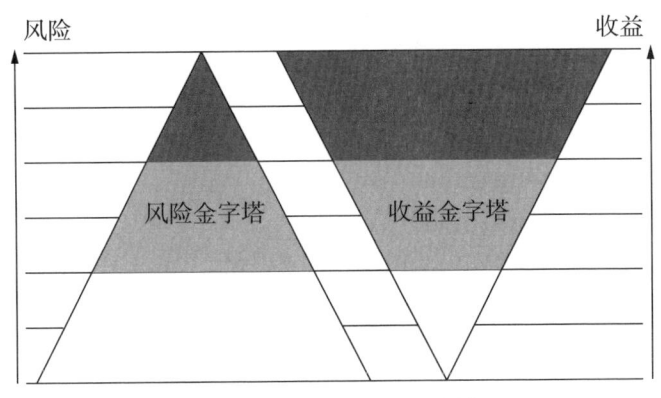

图 3-1 风险／收益金字塔

从安全金字塔的底部向上移动的越多，收益就越多，承受的风险也就越多。

或者再举一个具体的例子：例如，你选择设立一个外币账户，以享受高出 0.5 个百分点的利率。如果存入 5 万元，每年多获取的利息仅为 250 元。真的值得冒这个风险吗？

第四章

目标

你有人生目标吗？有。

你有职业发展目标吗？有。

你有理财目标吗？没有？

设成 100 万元怎么样？

在晚年时拥有足够的资产（现金）。

10 年内赚钱买下属于自己的房产。

在 60 岁时退休。

退休之后环游世界。

在 40 岁时拥有自己的公司。

你心中肯定或多或少有着明确目标。也可能它们还只是模糊的愿望。

但无论如何，你应该尽早制定目标。

否则的话，你将不得不在未来承担更大的风险，以达到同样的目标。也有可能，你会为错过的机会而后悔，因为你没有安排时间来抓住这些机会。

正如你对自己的事业或成功的想法一样，一个清晰的投资目标会使你在创造你的 100 万元或是数百万元财富时受益匪浅。

最开始设立的目标，日后仍然可以根据不断变化的心愿进行调整。重要的是，你需要尽可能早地设定目标。

时间就是金钱。而时间可以由你自己支配。

另一方面，如果你足够幸运，已经拥有了一切，或者能够负担得起你想要的一切，那么你需要优先考虑的就是资产安全，以及保持资产的购买力。

不过我们还是先从如何创造百万财富开始说起。

为了说明问题，我们来举一个包含 5 个目标的例子。这 5 个目标形成了一个类似轨道的轮廓，就像自行车比赛的赛道一样，也可以说是"硬币的轮廓"。（我们假设你已经采取了最佳的保险措施。）

想象一下，你现在 25 岁，想要先快速储蓄一笔不到关键时刻不会动用的资金。例如，为计划外事项、高额牙医账单、保险项目免赔额、搬家费用、失业阶段或长途旅行的缓冲资金等事项准备的 2 万元紧急储备金。

你需要自己确定，这笔紧急储备金需要在多长时间内准备到位：2 万除以计划的月数就是每月储蓄的目标。例如每个月存下 1 000 元，坚持 20 个月。

第二重要的目标：你想要确保晚年时拥有百万财富。为了达到这个目的需要投入多少本金，可以参见本书第一章。

一个 25 岁的年轻人每月需要节省 400 元，才能通过 7% 的收益率在 40 年之后拥有 100 万元的财富。

房产往往是第三个目标。假设这位 25 岁的年轻人希望能在 10 年内住进属于自己的房子。近年来，房价居高不下，一线城市尤甚，二线城市的房价也日益攀升。要购买一套房，大概需要 10 万元—100 万元人民币，具体数字取决于地理位置和房屋状况。因此，在接下来的 10 年中，他每个月需要视情况储蓄 833 元—8 333 元不等。

有购房计划的工薪一族需要对自己的目标作出优先级调整。这意味着在时间顺序上，一个目标相对另一个目标而言更为紧要。

第四个目标：15 年之内，下一代就要进入大学接受教育了。当时手里需要有已经准备好的 7 万元学费等教育资金。为此，必须每月存下 260 元，并且投资于收益率为 5% 的项目。

然后是第五个目标，第五个目标将开始于 35 岁：在 65 岁将要退休时将购房按揭贷款大部分还清甚至完全偿还。

你可以这样认为：在财富的建设阶段，直到退休的年龄为止，需要不断地为各个目标存钱。随后，到了晚年的财富消耗阶段，就可以无忧无虑了（见图 4-1）。

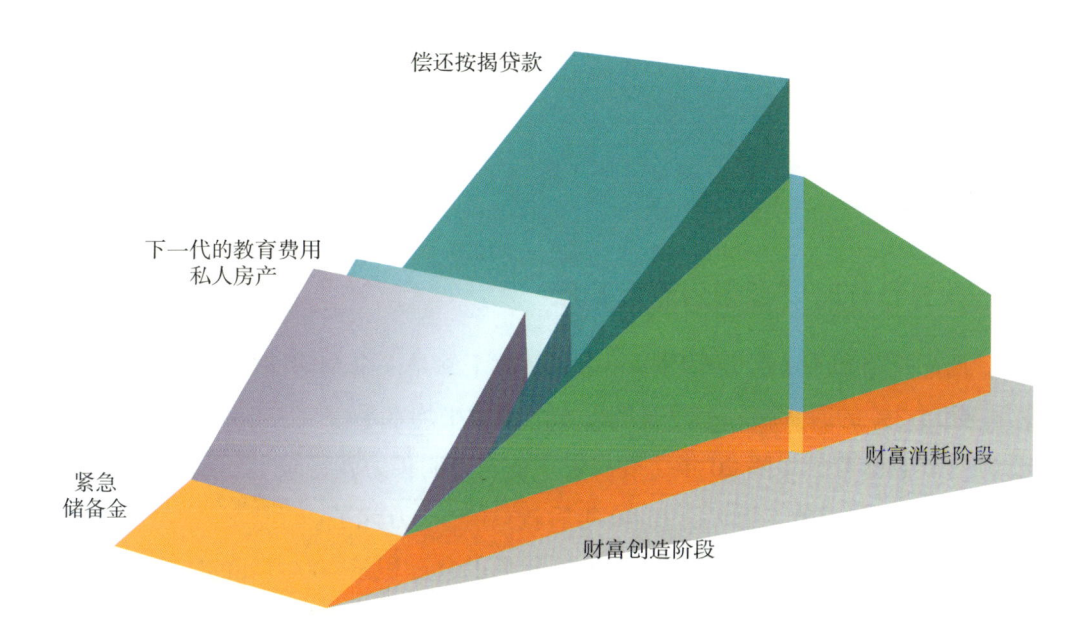

图 4-1

创造财富与消耗财富

制定总目标。

为未来设立好阶段性目标。

这样你就得到了一个圆形跑道式的理财计划。

由于通货膨胀，你的储蓄目标会相应缩水。

世界范围的经验表明，由于通货膨胀，货币价值几乎每隔20年就会减半。

今天的10万元，20年之后大概就只值5万元了。

计算目标时要考虑到通货膨胀

商品价格和人工服务费用多年以来持续上涨是一个全球性的事实。

超过3%的通货膨胀率是长期以来的全球平均水平。

这就意味着，每隔20年，现有资产的实际购买力就将减半。今天的10万元在20年后将只值5万元，在40年后就只值2.5万元了。

这位25岁的年轻人因此必须为40年后的自己积累400万元的财富，以获得与今天的100万元具有相同购买力的资产。因此他每月必须存下1 560元，而不是390元。

第一个替代方案是：每隔几年就把目标调高一些，存下更多的钱。步调和同时上涨的收入（希望如此）保持一致。

第二个替代方案是：从一开始就将目标设立为400万元，将涡轮发动机计划中的平均收益率设为12%。

那么这个25岁的年轻人每月就要节省388元人民币，并且按照第一章中讲过的内容，每年从同时上涨的收入中拿出一部分来维持12%的收益率。

第三个替代方案是：先实现紧急储备金、购房、结婚、购车等目标，然后从40岁或45岁开始，依靠已经上涨的收入加快速度全力为晚年时期储蓄并投资。

几乎没有人能够负担得起他在生活中想要的一切。
将理财投资的过程分为不同的阶段将会很有帮助。
因此应该明确目标以及目标的重要性。

	制定目标，并且按轻重缓急排序	所需资金	到何时？多少年？	每年储蓄额
	非常重要（1）用多长时间创造财富？			
	重　　要（2）创造财富的总金额			
	不 重 要（3）每年需要创造的金额			

紧急储备金				
85 岁后的晚年预备金				
75-85 岁的晚年预备金				
65~75 岁的晚年预备金				
购房				
结婚				
离婚				
购车				
提前退休				
继续教育				
抚养义务				
成立公司				
修缮费用				
兴趣爱好				
购置家具				
全年度假				
度假寓所				
偿还债务				
下一代教育				
分期偿还贷款				
庆祝周年纪念日				
冲动消费预留金				

第四章　目标

拥有足够的资产以安享晚年是最重要的理财目标。

你为晚年计划的养老金金额合理吗？

你应该假设自己可以活到100岁，然后按此制定目标。

　　一次性迅速达成所有目标——这通常是不可能的。除非买彩票中大奖。这一点你肯定早就一清二楚了。

　　这就是为什么你需要将你设立的目标按照轻重缓急排出顺序。首先，请你浏览上一页列出的各种目标，将你认为最重要的标为类别1。

　　如果你在表格里填了太多的1，请你重新仔细考虑一下，从里面挑出一些改为2，再把个别类别2里的目标改为3。

　　接下来，你需要确定达到每个目标需要的年数。将达到目标所需的金额除以年数，就是你现在每年都必须存下的金额。

　　然后，在一个示意图或者表格里填上达到目标需要的金额和年数，就像本章开头的阶段计划一样。

　　对于不同的目标要在思想上进行区别对待，或是真的为它们分别设置不同的理财计划。这将会很有帮助，会让计划变得更明确。

　　靠利息安享晚年？到目前为止，我们都还只讨论了退休资金的消耗！

　　这么想其实是非常有道理的。资本消耗意味着尚未使用到的资本可以继续产生利息，甚至有可能弥补通货膨胀带来的损失，从而维持资本的购买力。

　　因此，资本的消耗或消费仍然很明显，而且收益也可能会随着通货膨胀逐年上涨。

　　那些只想靠利息生活的人随着时间的推移会发现，由于通货膨胀，只靠利息本身已经不能满足日常消费的需要了。因此，资本的消耗是必须的。

　　单纯依靠利息生活，持有之前的资产，这会更难计算，无法做到一目了然。很多时候还会感到忐忑不安，因为无法确定之前做的计算最后能不能真的按计划落实。

按照资本消耗的原则，终身养老保险理论上也可以作为生活保障。

假如投保 10 万元，按照你的投保年龄不同，你每年都会拿到如下表所示的养老金。签订合同当天的利息水平对于养老金年金的金额是非常重要的（2019 年预计年金；假设配偶与投保人年龄相同）：

投保年龄	女性	男性	配偶
65 岁	6 500 元	7 000 元	6 000 元
75 岁	9 000 元	10 000 元	8 500 元
85 岁	16 000 元	17 000 元	12 000 元

如果非常长寿的话，终身养老保险可以规避经济上的风险。

　　每年收到养老金的金额是不会随着时间上涨的，因此由于通货膨胀，养老金的购买力实际是在下降的。因此还有一种养老金，专门为了应对这种情况设置了通货膨胀保护，也就是起初每年返还的养老金金额较低，然后逐年增加。如果投保人不幸过早逝世，并且在之前签保单时选择将还未使用的资金返还给子女，那么每年返还的养老金金额也会比较低。

　　针对终身养老保险以及资产消耗阶段的开端，还有以下建议：在利率较高时，返还的养老保险年金也很高。如果幸运的话，你能提前10年就获得相应的高额养老保险年金，比如，即使投保金额一样，也能在75岁时就获得本该在85岁时方获得的年金。不过可惜的是，高利率并不常见。

　　老年人的其他理财投资目标还可能是：为子孙后代留下一笔财产、长途旅行、追求或多或少有些昂贵的兴趣爱好、帮助子孙后代购置房产、准备自己的葬礼费用、准备孙子、孙女的婚礼费用等。

晚年的资产消耗有3个阶段

　　对于退休以后资产的消耗来说，最重要的就是设立清晰的目标。

　　晚年时期最重要的目标，毋庸置疑，就是拥有足够的资金和收入。陷入贫穷是绝对无法接受的。即使是非常长寿，比如90岁、95岁、甚至是100岁，也不能有山穷水尽的情况出现。

　　假设离65岁退休还有30年，攒下多少钱才算是足够的资金呢？要想得出最接近的数额，你首先应该确定你现在每年的平均开销，比如说10万元。

由于通货膨胀，30年后，每年的平均开销肯定要比现在更高。根据一直以来将近3%的年平均通货膨胀率，现在的10万元就相当于30年后的24.3万元（经过复利计算）。

那么这24.3万元，需要负担退休后多少年的生活开销呢？人寿保险公司的统计专家们一直在根据人口总数估算人类的平均寿命应该是多少。目前，女性和男性的平均寿命都在80岁出头。

我们假设你的资产消耗阶段从65岁开始，持续35年（也就是到你100岁为止），这应该是一个非常保险的假设了。每年24.3万元乘以35年，结果就是850万元。按照10%的年平均收益率计算，现在需要投入的本金就是58.7万元。现在你应该明白，为什么在本书中百万财富是不可撼动的主题了。

不过，这个24.3万元或是850万元的目标有可能可以大大降低。

第1种可能性：你有国家发放的退休工资或是私人养老保险金。

第2种可能性：你希望在退休之后继续工作或是找一份兼职。

这就是晚年时的第4种收入来源（第1种收入来源：国家发放的退休工资；第2种收入来源：前雇主发放的养老金；第3种收入来源：私人养老保险）。

如何安排 65 岁之后的资产消耗阶段才能更加划算?

第 3 种可能性：你亲属的寿命普遍低于 100 岁。

第 4 种可能性：你考虑在晚年时降低消费水平。

现在让我们来为一个 35 岁的人制定一个具体的计划。以私人养老保险金为晚年经济来源的话，可以分为 3 个阶段：第 1 阶段从 85 岁开始，第 2 阶段从 75 岁—85 岁，第 3 阶段 65 岁—75 岁。

阶段 1

在 85 岁时投保一份终身养老保险。这样即使到了 100 岁高龄，也足以保障往后的生活都能有稳定的收入。而且有了终身养老保险，你就不用再为投资理财的问题操心了。

为了实现第一阶段的计划，你有额外 20 年的时间用来投资高收益率的项目，比如 10% 的收益率。

按照 50 年，每年 3% 的通货膨胀率，以及每年 10% 的收益率计算，为实现第一阶段的计划，需要现在投入一笔 2.6 万元的本金（又或者每年省下 231 元，坚持 20 年），这样在 85 岁时才能有 10 万元来投保终身养老保险（考虑到通货膨胀的话，应该是 43.8 万元）。

根据保险公司的统计和估算，一名 85 岁的投保人还有 7 年左右的寿命。所以针对 85 岁投保人收取的终身养老保险保险费约为 7 年的生活开销。假如这名投保人活到了 100 岁，那么他就在这笔保险中获得了盈利，而保险公司就比较倒霉了。

阶段 2

在 75 岁—85 岁时投保定期养老保险，即只在这 10 年间返还养老金的保险，那么从现在开始还有 40 年的时间可以用于投资，每年通货膨胀率为 3%，投资收益率为 10%。为了 75 岁时可以支付 10 万元的养老保险费（考虑通货膨胀应为 32.6 万元），需要现在投入一笔 7.2 万元的本金（又或者每年省下 639 元，坚持 20 年）。

阶段 3

在 65 岁—75 岁时投保定期养老保险，那么从现在开始还有 30 年的时间用于投资，每年通货膨胀率为 3%，投资收益率为 10%。为了在 65 岁时可以支付 10 万元的终身养老保险费（考虑通货膨胀应为 24.3 万元），需要现在投入一笔 13.9 万元的本金（又或者每年省下 1 238 元，坚持 20 年）。

这 3 个阶段一共需要启动资金 23.7 万元（又或者每年省下 2 108 元，坚持 20 年），明显低于首次计算的结果 48.7 万元。为什么会这样呢？因为将晚年时光分为这三个阶段以后，可以有更多的时间将资本用于收益率为 10% 的项目。

其次，感谢养老保险的基本保证金，我们只需要将消费阶段算为 27 年（10 年+10 年+7 年），而不是从 65 岁到 100 岁的 35 年，而且特别是在资本消耗阶段，为特定的年龄阶段和目标分别制定理财方案是非常有帮助的。

尽早明确目标，就能强化你在创造百万财富时的事业心和纪律性。

时间就是金钱。你越早解除对金钱和物质的担忧，就能越早全心全意地享受生活中真正美好的事物。

第五章

建筑蓝图

你的百万资产金字塔的地基必须固若金汤。
你是否已经采取了最佳的保险措施呢？

你清楚你资产的现状吗？

你投资时带有投机心理吗？

你在投资中有没有太过保守？

你的投资项目存在哪些风险？

你应该如何将你资产的重心转移到某处？

多亏前几章的帮助，你已经有了清晰的目标，可以毫无压力地做你自己财富大厦建造的总承包商了。

现在应该来谈谈你的建筑蓝图了。

每一个建筑项目最重要的就是坚固的地基和基石。

百万财富大厦或者是资产金字塔必须要建立在固若金汤的地基之上。

你的地基

我们将谈到那些可能会摧毁你财富的风险——这些风险必须被避开。

有一些风险可能会危及你的财富——这些风险应该被避开。

还有一些充满风险的事件，它们不那么让人愉快，但还不至于威胁到你的百万财富大厦——你可以选择避开这些风险。

必须：赔偿责任、违反法律、伤残／丧失劳动能力、死亡（对仍然在世的家人来说是毁灭性的）、住房遭受自然灾害

应该：疾病、意外、交通事故

可以：大宗家具电器损坏、失窃

第五章 建筑蓝图

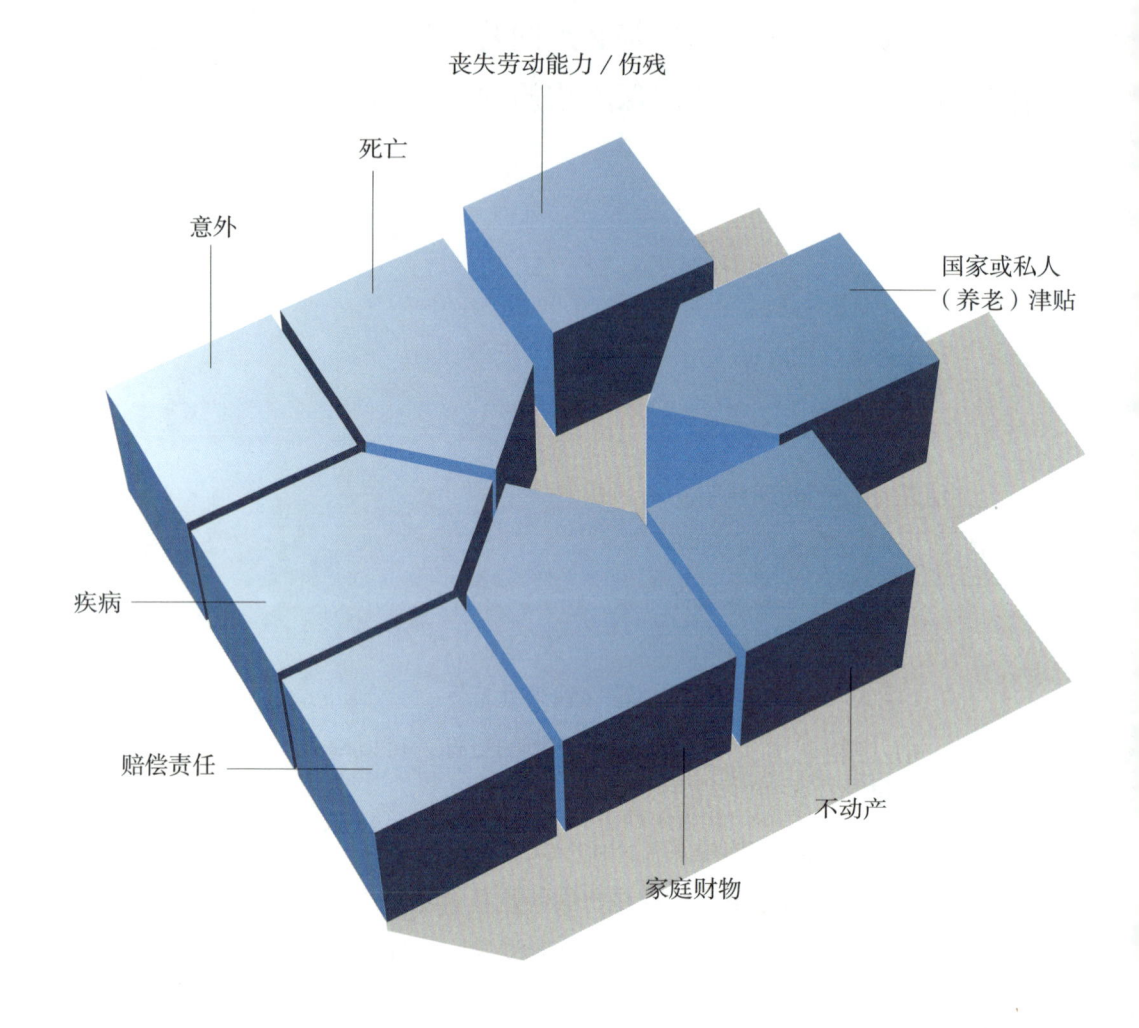

意外　　死亡　　丧失劳动能力/伤残　　国家或私人（养老）津贴

疾病　　赔偿责任　　家庭财物　　不动产

固若金汤的地基是首要任务

规避生存风险，最重要的是，万一不幸出现致残或丧失劳动能力的情况，要有替代收入。

一次严重的事故或是一场重病不应该摧毁——甚至不应该危及到——你和你家庭的资产状况。

你资产金字塔的底层应该由长期的、稳定的投资项目构成。而且至少应该由你资产总额的 70% 构成。这些投资项目都不太需要"管理"。

资产金字塔的底层

你资产金字塔的底层应该由长期的、稳定的投资项目构成——你资产中最牢固的基石。

底层应该由财富总量的至少 70% 构成，甚至可以是 100%。

持续的监督或是管理对于底层的投资项目来说应该不是必需的。

投资项目的分配和资产配置可以在 10 年、20 年甚至更长的时间里保持不变。（对一些投资人来说，这样取得的效果会比采取"管理措施"更好。）

最可靠的做法是，用广泛分布在各个行业的有形资产和金融资产来构成资产的基石。

有形资产包括：私有住房、房地产、股票、黄金、白银、大宗商品。

金融资产包括：现金、货币市场投资、利息类投资、到期的长期债券、养老保险。

尽管需要留意市场的长期发展态势，对底层投资项目的调整仍然是可以考虑的。

比如说，在通货膨胀率持续增长或是高通胀时期，调高有形资产的比例是适当的，例如对新注入的资金进行重新部署或者适当调整。

货币市场投资／利息类投资

养老保险

现金

证券／投资组合基金

到期的债券

私有住房

房地产

股票／黄金／白银

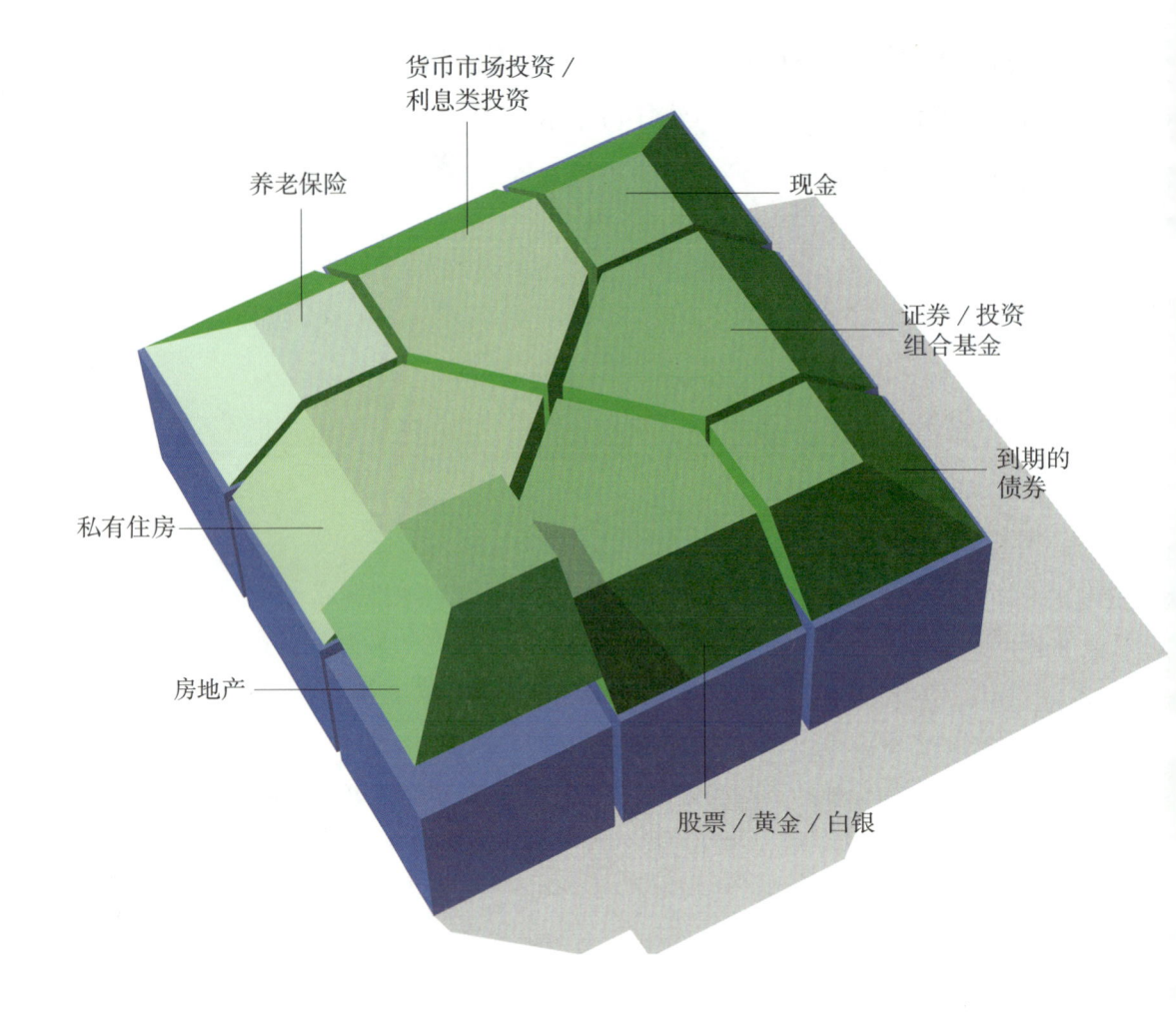

用长期稳定的投资项目填充金字塔底部

长期稳定指的是：只有当你转移资产重心，以符合经济周期及有形资产周期变动时，这些项目才能破例被调整（关于具体投资项目，也就是金字塔的建筑用砖的更多内容详见下章）。

资产总额的最多 30% 可以——但不必须——被放置在资产金字塔的中间层。

金字塔中间层的项目需要根据市场趋势来投资。

中间层的项目必须要进行管理。

资产金字塔的中间层可以自由调整

在本节，你将深入了解关于市场的知识和信息，从中学习到如何在市场发展趋势良好时进行投资，以及如何顺应市场的起伏变化周期进行投资。

针对这部分投资项目，你必须亲自处理关于买入和卖出的相关事宜，或是将这些工作委托给其他人。

经验表明：卖出比买入更困难，同时也更重要。

没有永远持续的上涨，即使可能导致亏损，卖出或早或晚也都是必须的。

一个基本适用于所有情况的窍门：太早卖出要比太晚卖出好。

你要尽量克制住自己耍小聪明的心，比如在这种情况下有可能会是：如果会亏损的话我就不卖出，或者我干脆把这个项目改成长期投资，调整到资产金字塔的底层去。

当市场趋势非常明显时，极端情况下，整个资产金字塔中间层的项目甚至可以集中属于同一个类型。

当债券利息达到峰值时，投资长期利率尽可能低的债券。

在高通胀时期时投资黄金、其他贵金属或商品。

在利率或通货膨胀率下降或较低时，投资股票。

当没有明确的发展趋势或是周期时，中间层的投资甚至可以降为零。

在情况不明确的时候，最好还是持有货币市场投资项目、短期债券或是现金。

股票、黄金

外币

债券、周期性的投资项目

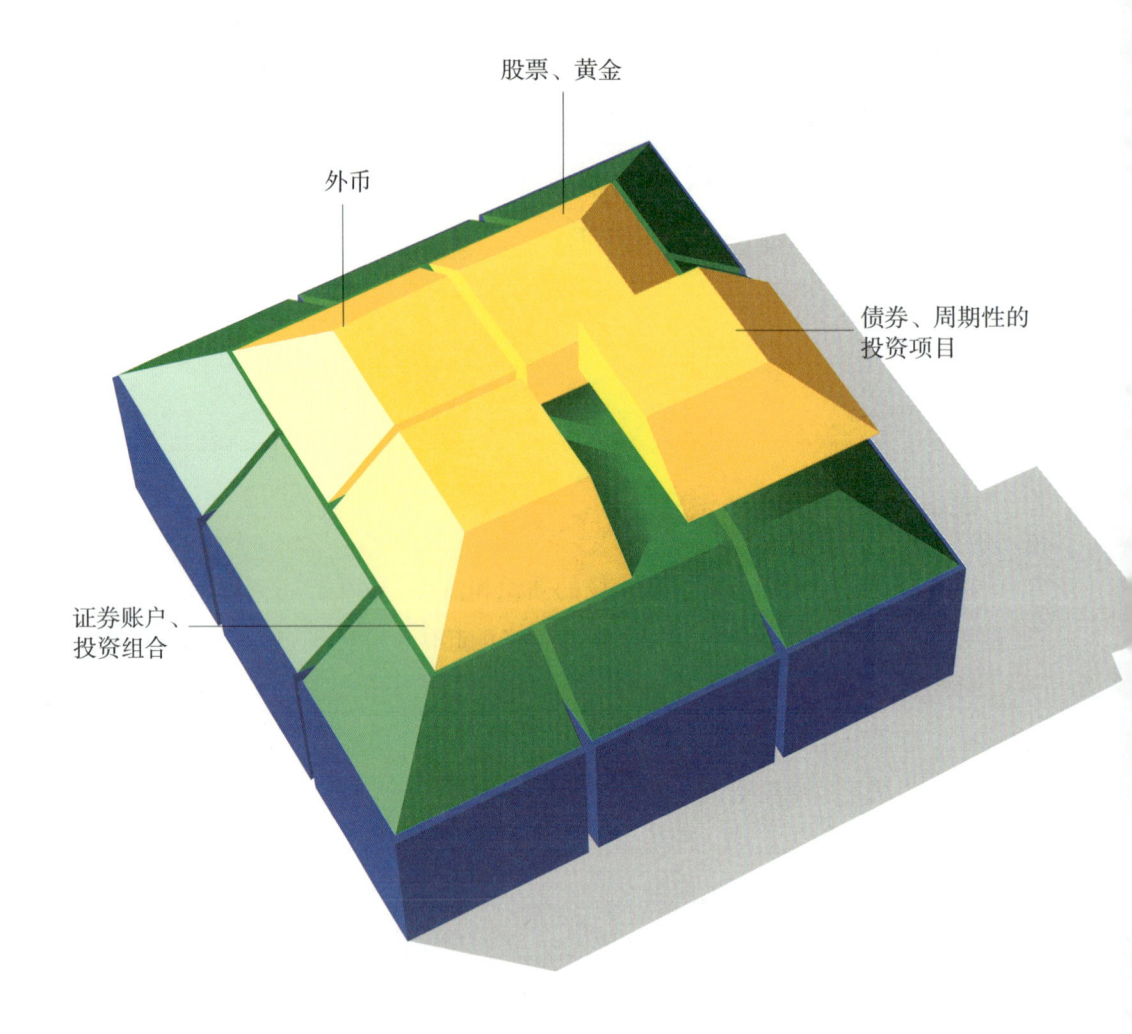

证券账户、投资组合

由于风险较高，根据市场发展趋势进行的投资应该处于资产金字塔的中间层。

你（或是受你委托的专业人士）应该有意识地按照趋势或周期进行操作。

中间层通常被认为是投资或证券的组合／账户，而且投资重心会在债券、股票、黄金、外币等项目之间周期性变化。

**投机是赌博的另一种形式，和投资、策略与规划都没有关系。
对一流股票甚至是蓝筹股的短期投资也是一种投机。**

资产金字塔的顶层

投机不是必须的。如果有哪些投资项目需要投机，那这些项目就属于资产金字塔的顶层。但是，顶层最多只能占资产总数的 5%。

10 个投机项目里有 9 个会不断增加顶层资产的比重。

投机其实更多地与赌场、博彩和彩票有关，但与规划、策略和投资无关。

我们是从底层开始建造一座金字塔，而不是从金字塔尖或顶层开始。

投机通常伴随着贪欲和焦躁。

然而几乎每一个投机者都自然而然地深信，亏损这种事只可能发生在别人身上。

按照定义，投机就是对短期收益的期望。

属于投机范畴的投资项目包括：期权、期货、衍生工具、杠杆型对冲基金以及杠杆型综合交易所交易基金（LETF）。

提示：如果你不能停止投机，那就最好先不要考虑盈利，直到回本为止。

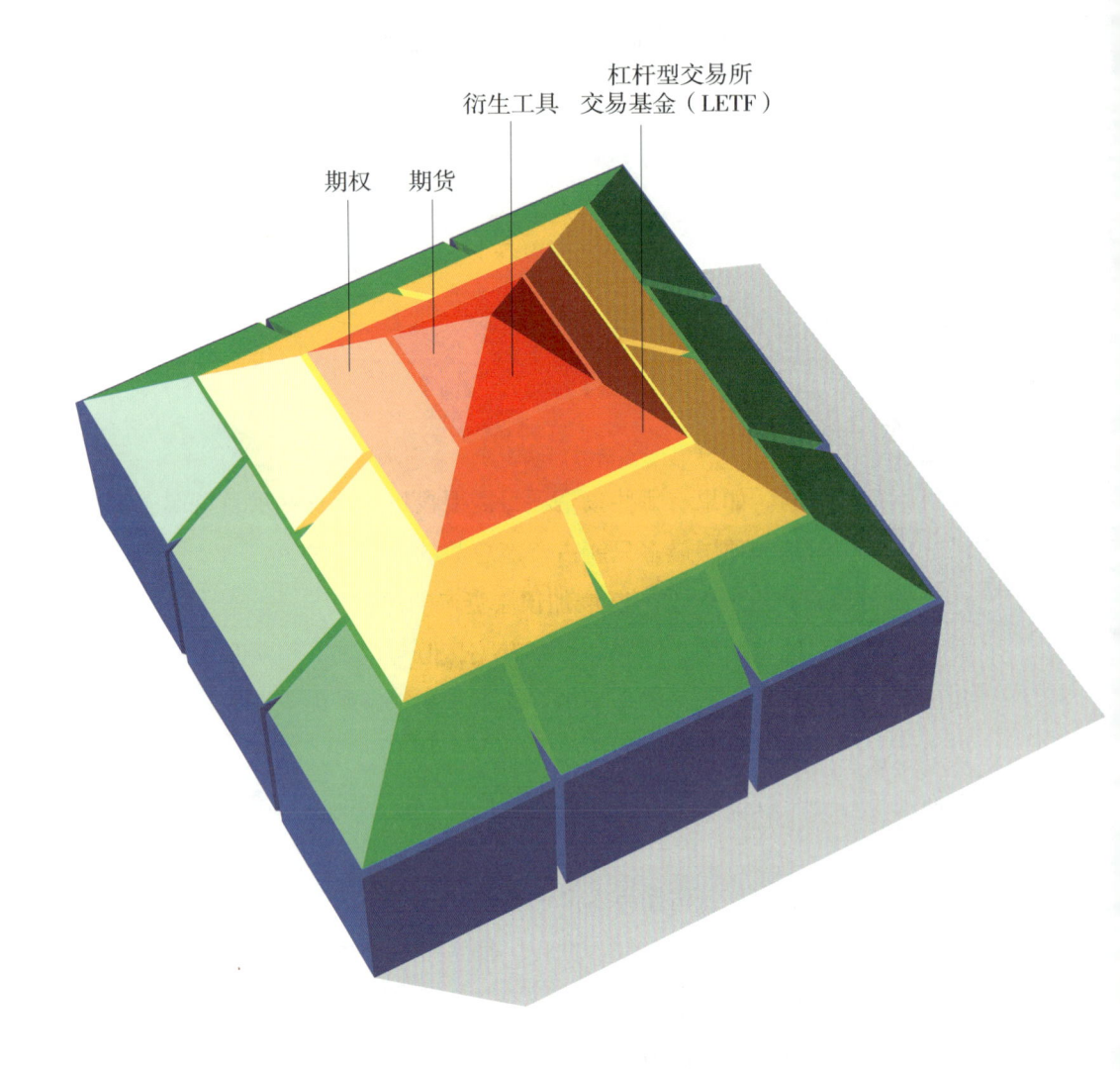

期权　期货　衍生工具　杠杆型交易所交易基金（LETF）

金字塔的顶层——风险最高的投机项目

投机与策略性的资产积累无关。

期货、期权及衍生工具等投资项目只适合有非常好的信息来源的投资者。只有这样的投资者才有能力针对市场的下跌趋势采取相应的防护措施。

股票应该放在金字塔的底层还是中间层？又或者两层中都可以有股票？

如果投资时间长于 10 年甚至 15 年，可以调高股票在投资项目中所占的比重，甚至调为 100%。想要快速脱身，或者是比较"懒"的投资者，最好还是将所有资产放在金字塔的底层。

投资组合、股票、债券和黄金等投资项目不仅出现在资产金字塔的底层，而且也出现在中间层。这是为什么呢？

位于资产金字塔底层及中间层的股票与黄金

当你注意到一流公司的股票价格走低，可以称得上"便宜"的时候，你就应该将这只股票放在资产金字塔的底层。

这同样适用于正处于高速发展的行业（如生物化学、科技）、新兴市场以及小型价值股。

在 2008 年股市崩盘之后，股票应该被大胆地买入，并且被更多地置于金字塔的底层。

股票型基金和交易所交易基金（比如全球股票基金）可以被视为普通股票的替代品。投资组合基金或高股权投资基金也适用。

不过要想在媒体集体唱衰市场，预言灾难性事件的时候买进，还是需要克服内心的挣扎的。

但是时间是站在你这一边。金字塔底层的股票类投资项目如果能在至少十至十五年内保持不变的话，就会获得最大的增长机会。

你也可以以便宜的价格买入，然后将目光放在多年后，以期获得一个高于利息类投资的收益率。

如果在金字塔底层中有长期持有的股票，则可以考虑在金字塔中间层放置发展趋势和周期较短的股票。这类股票需要"管理"——可以由你"自己动手做",也可以委托给专业人士。

同样的策略也适用于黄金投资。

金字塔底层需要有一定的黄金储备,以起到安全保障的作用,比如小型金条或金币。

金字塔中间层则需要寄希望于黄金(及白银)价格上涨的投资项目,除了贵金属本身以外,还包括金矿及银矿的股票、基金或交易所交易基金。

位于资产金字塔底层及中间层的利息类投资

当利率水平很高时,所有类型的利息类投资当然都是最有吸引力的。不过,即使利率下降,它们也仍然很有吸引力。

这样你就可以通过债券获得像股票一样的短期收益。利率越低,投资时间越长,越是如此。

总的来说,利息类投资既适用于资产金字塔的底层,也适用于中间层。

建筑蓝图不再适用了？

资产金字塔不够牢固？

时间不够？那就一直坚持 100% 地投资金字塔底层的项目。

国债及一些龙头行业的债券属于金字塔的底层，尤其是当龙头行业的债券利息低于国债，或是根本不收税时。

金字塔的底层也可以包括短期持有的债券——它们比现金更有赚头，或是可以通过它们保持资本中短期的流动性。

当利率停止下降，达到最低点并且开始反弹时，短期的利息类投资项目就很值得推荐了。

一般来讲，只有当替代股票时，债券在金字塔中间层才有意义，这样即使在利率下降时仍然可以有收益保障。

如果你为中间层选择了有价证券基金或投资组合基金，那么对应的基金经理将确定资产分配，也就是说他将重组债券、股票、黄金等投资项目。

马上需要用钱怎么办？

需要使用资金的期限越近（退休、购房等），你就越需要将资产的重心往现金及短期利息类投资项目上转移。大约从使用期限的五年前（在相应的阶段内）就应该开始着手进行转移。

为实现这个目的，也可以购买投资基金，并且需要基金经理对项目进行优化，确认将来的到期及还款日期。

比如说，目前你有超过 30% 的资产位于金字塔的中间层甚至是顶层，那你面临的风险很可能已经超过了你可以承受的限度。这时对资产进行重组就非常必要了。

为此，有两种措施：下一笔投资有意识地在金字塔底层进行，从而增加底层的比重。或者通过卖出减轻中间层或顶层的比重。原则是：每卖出一个可以获得收益的项目，就同时卖出一个会亏损的项目。

你考虑卖出的项目是长期以来一直持有的"熊孩子"，还是一直以来因为某些原因表现强劲的"神牛"？

你最好通过上网查询或是向专业人士咨询，来确定这次卖出操作有没有可能是不划算的，因为你得到的有可能是一个好消息，市场发展趋势有可能马上就要开始走高。

一个简单的自问自答也常常会很有帮助：我今天会买进这个项目吗？不会？那就卖出。

我现在有多富有？
确认你的资产金字塔／百万财富大厦的现状

关于建筑蓝图最重要的认识

如果你不能或是不想在资产金字塔上花费时间，那就将你的资产 100% 地广泛分布于底层的投资项目中。

如果你愿意扮演一个十分积极的投资人角色，或者是愿意将投资相关的事宜委托给相关专家，那就请你将投资的重点放在金字塔的中间层上。

根据对债券、股票或黄金的市场预期不同，中间层在资产总额中的比重可以在 0~30% 之间进行调整。

如果你想投机，那么用于投机的资产最多占资产总额的 5%，同时，中间层的资产比重需要下调到 25%。

由于你个人计划的变化，你职业发展情况的变化，随着时间的推移，总会遇到需要修改建筑蓝图的情况。

资产金字塔的建筑蓝图会赋予你纵览全局、灵活反应的能力。

出现存疑的情况？那最好还是小心谨慎一些。尽可能不亏钱或是少亏钱。在保守的情况下即使犯错误，也不至于太过严重。

创建百万财富是纵贯你一生的工作，而不仅仅是一个短期的任务。

不过不要担心，你需要耗费的精力和你可以达到的目标是挂钩的，不会超出这个范围。

准备好铅笔、橡皮和足够的时间来起草你的建筑蓝图

在你的资产金字塔中写下关于你的投资价值的问题"我有多富有？"（不包括用于规避风险的"地基"）

在金字塔底层的是安全可靠的投资项目，越靠近金字塔顶尖，项目的风险也就越大。

在本书的附录部分，你可以找到更多关于如何了解你资产现状的建议。

现在让我们再谈谈"神牛"的问题。如果因为某个或某些项目表现一贯非常强劲，对其的投资就超过了资产总额的10%，那么这些项目将形成群体风险。当这些项目走低时，你就会突然意识到这一点。

有时候，将这种"神牛"项目部分地或是整个从资产金字塔中剔除反而更好，这是我个人的偏好。

那是不是所有其他的投资项目就都可以用来构成你的资产金字塔呢？在进行有些投资时，必须时刻保持十足的谨慎，比如为了你下一代的教育经费进行的投资。

也有的投资项目是你根本就不必考虑纳入资产金字塔的。例如，一份如果离婚就能得到保金的保险。

尽情享受构建资产金字塔建筑蓝图的乐趣吧！

自我检查——我有多富有？
你的个人资产金字塔

将你的资产以本国货币的形式纳入你的资产金字塔。

本国货币是你思考和生活的参考货币。

别忘了每年都要自我检查一下，比如固定在每年年初进行检查。

	有形资产 人民币	金融资产 人民币	有形资产 百分比	金融资产 百分比	合计 百分比
商品合约					
投机股					
期权、权证、杠杆型交易所交易基金					
期货、衍生工具					
金字塔顶尖投机项目一览					
股票及相关基金、交易所交易基金					
房地产及相关基金					
黄金、贵金属及相关基金、交易所交易基金					
无选择权的期权债券					
可转换债券					
短期债券及相关基金、交易所交易基金趋势					
外币					
有价证券账户、投资组合					

	有形资产 人民币	金融资产 人民币	有形资产 百分比	金融资产 百分比	合计 百分比
周期性发展的金字塔中间层投资项目一览 （需要进行投资管理）				（最多占总资产的30%）	
私有住宅、房地产					
净抵押贷款					
股票及相关基金、交易所交易基金					
艺术品、多余的汽车					
长期债券					
信用贷款					
货币市场投资					
现金					
储蓄／工资账户					
养老基金（最终付款）					
预期可得的遗产					
稳定不变的金字塔底层 （无须进行投资管理）				（最少占总资产的70%）	
总计			%	%	100%
正：有形资产		+			
负：债务		−			
净资产					

第五章　建筑蓝图

第六章

建筑用砖

你创造百万财富的过程是井然有序还是一团乱麻？

在本节，你将了解到关于创造财富需要知道的最低限度的知识。即使是对于几乎不需要干预的金字塔底层投资项目，这些知识也是必需的。

在本书第1章中，你已经了解到，涡轮发动机计划中设置的高收益率可以显著加速资产的增长。

即使收益率只高出了1%，在20年之内，资产的增加可以多出21%，30年之内可以多出33%。

想要获得高收益率，最简单的办法就是设法享受所有缴税方面的优惠，并且始终将附加费用控制在较低的水平。

如果希望在缴税方面获得优惠，可以投资国债，国债的利息只需要交非常少的税，甚至不用交税。

获得高收益率的另一种方式是：做好在股市中鏖战10年以上的心理准备并且投资股票。当然更好的情况是：你避开了所有崩盘和大幅的下跌。

高收益率还可以通过对股票、投资基金或交易所交易基金进行持续再投资来获得。

毋庸置疑，对金字塔的建筑用砖——也就是具体投资项目的了解越全面，就能越快实现百万财富的目标。事实上，如果连关于债券、股票等项目的最基本知识——比如它们的优缺点、机遇和风险等都不具备，那其后果也是你绝对不想承担的。

当你了解了这些作为金字塔建筑用砖的投资项目以及其运作规则之后，你就可以确定，在金融世界的众多可选项中，哪些对你有价值，哪些没有。

随着对具体投资项目的了解逐渐加深，你对资产金字塔整体建筑蓝图的总览也会自然而然地更加清晰。秩序将取代混乱。

我们的目标是，建立一个不仅十分牢固，而且还具有最佳增长前景的资产金字塔。

因此，在本章剩下的部分，你将更多地了解到与这些投资项目相关的知识：

1. 利息类投资，货币市场投资，短期债券。
2. 长期债券。
3. 私有住宅。
4. 房地产投资。
5. 黄金，白银。
6. 有价证券账户、资产账户、投资组合。
7. 股票。
8. 投机性投资项目。

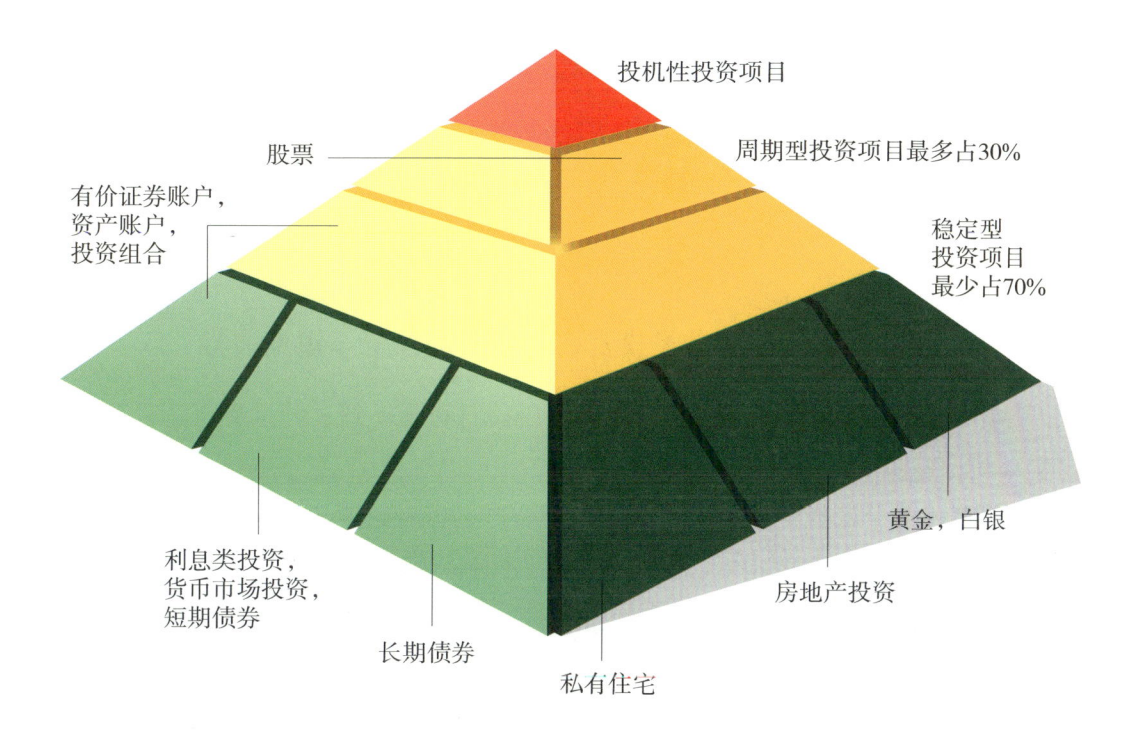

投机性投资项目

股票

周期型投资项目最多占30%

有价证券账户，
资产账户，
投资组合

稳定型
投资项目
最少占70%

黄金，白银

房地产投资

利息类投资，
货币市场投资，
短期债券

长期债券

私有住宅

金融资产 – 有形资产　　　　　　　　　　金融资产 – 有形资产

从底层到顶层构建你的资产金字塔

每个投资项目都有自己的特点，这些特点意味着它们各自不同的收益机会和亏损风险。比如说，短期投资的股票一定是一种投机，但如果对股票进行长期投资，就有可能获得最佳收益。

复利是创造百万元财富最强有力的马达。

利率越高，神奇的复利对创造财富的加速就越快。

即使利率只高出 1%，也会创造奇迹。

第一种建筑用砖：利息类投资、货币市场投资、短期债券

金融世界的第 1 块砖是"利息砖"，和我们刚刚提到过的世界奇迹复利有关。

本节中讨论的投资项目都可以保证你资产的流动性，通过它们你可以立即——或是在最短的时间内（最多 1 年）做各种你想做的事情。这些项目即储蓄存折、储蓄账户、定期存款、信托投资、货币市场基金、现金债券和剩余期限短的债券等。

关于这些投资项目，你必须清楚的是：你将资金借给银行、国家或公司，然后定期收到利息，并且经过一段时间后，你之前借出的资金将被偿清。

复利的计算如下：如果每月能节省下 1 323 元人民币，并且通过投资获得 10% 的利息率或者收益率，那么 20 年之内，你就可以成为百万富翁。

如果实际的利率是 5%，那么这 20 年内你每个月需要节省下的金额就变成了 2 400 元，几乎是刚才计算结果的 2 倍。

在第 1 章的"如何成为百万富翁"表格中，你可以选择和查阅第一种或是其他的利率选项和时间范围。

长期来看，目前（2018 年）的利率处于较低水平，在未来几年或几十年内可能会上涨。

通过第 1 章，你也已经了解到了，如何通过你自己选择的涡轮发动机计划将低利率显著提高。

如果银行能够长期持有你的储蓄，例如通过青年账户、退休储蓄账户以及现金债券，那么你就可以获得比储蓄账户或是工资账户更高的利率。

通过银行获得较高的利率通常有一个缺点，就是如果你希望在储蓄到期之前就取出储蓄的金额，你就不得不接受降低利率或是其他方式的罚金。

最好能够咨询一下你进行储蓄的银行，通过什么方式可以既获得较高的利率，又能在 1 年之内重新让储蓄的金额恢复"流动性"。

货币市场投资

在货币体系不完善的时代，通常在一个市场变动周期的高收益阶段，3 个月之内货币市场投资利率就有可能涨得非常高（在 20 世纪 80 年代，美元的涨幅甚至超过了 20%）

然而，在货币市场上，为了能够最终获利，通常需要投入数十万元的本金。如果你没有这么多的预算，那么替代方案是货币市场的基金或交易所交易基金。

短期债券

我们在这里讨论的是剩余期限较短的债券，首先这符合你关于流动性的计划，其次它也一定会比银行储蓄账户利率更高。

特别是在国债领域，供应量和销售额都很大。这种所谓的"市场流动性"可以确保买卖价格之间的低差额。

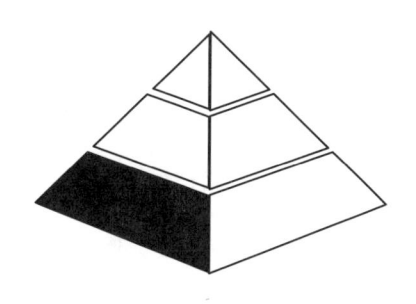

第六章　建筑用砖

外币债券 = 双重风险。

高收益 = 高风险，等号永远成立。

如果你投资了一份此类债券，那么在债券有效的剩余期限内你都将收获利息，并且特别值得一提的是，本金的偿还率是100%，而且可以免除手续费。

因此，到本金完全偿还时，总收益计算除了要考虑利息之外，还要考虑因为行情变化产生的收益。当然，如果购买时价格超过了100%，那么就是行情变化产生的亏损。

例如：如果债券利率低于市场利率，那么就是行情变化产生的收益。相反，如果债券利率高于市场利率，就会出现亏损。

因此，一定程度的"管理"对于这个项目来说是不可或缺的。替代品是短期或中期债券的基金或交易所交易基金。

在外国获得更多利息

外币往往能创造更多利息。

同时，这也意味着双重风险：外汇有可能会下降，甚至会抵消利率带来的优势。其次，外国债务人——国家或企业——往往是因为信用较差，才必须依靠较高的利率吸引更多的外资。

如果你想从外汇中获得更多的利息，就必须非常慎重地进行计算。

如果进行外汇投资，你就将面临汇率猛跌、销售停滞的风险，在这种情况下，外汇投资的结果就可能比相同水平的国内投资更差。

你可以选择卖出，或者也可以通过货币远期合约或买入汇率卖权来规避风险。

要进行外币投资，你必须了解外汇市场的发展情况。

你可以记住这条经验法则：每高出 1% 的利率，外币汇率最多下降 1%。

例如，如果利率方面的优势为 3%，期限为 5 年，则按照经验，货币下降率不得超过 15%（准确计算的结果为 13%）。

比别处利息更高的原因

如果某处某个项目的利息比平常的利息水平高，这一定是有原因的。

这个原因通常不怎么好：这个项目面临更多威胁，要冒更大的风险。

一流的和"正常的"利息水平就是，在一流银行的储蓄账户储蓄本国货币，或者投资一流的国债获得的利息。

即使是一流的利率也会产生波动，但不是因为风险的变化，而是与市场的情况相关联，即与市场对货币的供应和需求挂钩（决定了市场利率）。

如果某项目的利息远远超过可靠的银行所支付的利息，那么相应的风险也一定会增加。

如果债务人不是一流的（即不良信用评级），那么他就必须设置更高的利率，这样才能最终吸引到一些人借钱给他。

或者干脆他就是一个骗子。

你想既保证安全又能获得更多的利润，并利用复利的奇迹？那就践行能更好掌控的"自己动手做"原则，启动创造财富的涡轮发动机计划。

在 20 年的时间里，10 万元人民币以 5% 的利率可以增长到 26.5 万元人民币。如果你启动涡轮发动机计划，每年将从涨的工资、年底的双薪以及平时的奖金中节省出的额外金额补齐差额保持 10% 的收益率，那么，20 年后你的收获将会显著增多——将近 70 万元人民币。

如果投资债券，那么你将收获经过精确计算的利息，直到本金返还清为止。

由于高利率以及利率下降的可能性，你更应该购买长期债券——既可以置于你资产金字塔的底层，也可以置于中间层。

第二种建筑用砖：长期债券

有效期限为多年的债券是最重要的附息证券，也被称为固定利率债券、储蓄国债（政府债券）。

与利息类投资、货币市场投资或定期存款账户相比，债券的到期期限可以非常长——10年、20年、30年、50年、甚至是"永远"，即没有本金偿还清的日期。

首先，长期债券带来的平均利率高于短期。

其次，利率（也称为"息票"）在整个期限内保持不变。

一些特殊债券属于例外情况，它们的息票会根据通货膨胀率或利率水平的高低进行变化，即所谓的浮动利率债券（Floater）和通货膨胀保值债券（TIPS）。

第三，债券在期限结束时将按票面价值的100%偿还。

第四，债券的价格会波动，而且可能会低于或高于偿还价格，即票面价值的100%。

第五，即使是顶级信誉的债务人放出的长期债券，也不是零风险的：通货膨胀和税收可能侵蚀利息的价值。

因此，刚刚提到的浮动利率债券和通货膨胀保值债券是唯一无风险的选择。如果它们不在市场上，那么黄金和白银也可以作为额外的通货膨胀保护。

债券还有其他的相关理财项目，例如：可转换债券（债券在一段时间内会转换成股票），附认股权证公司债券（具有购买股票的选择权）或零息债券（零利息义务）。

高收益＝高风险的原则当然也适用于债券投资。

自1990年以来，这个铁一般的原则两次遭到了严重违背，并且都造成了金融危机，两次都是在美国。

20世纪90年代初，垃圾债券危机爆发。2008年，次级抵押贷款引发的严重银行危机爆发，次级抵押贷款当时被欺骗性地与AAA级债券捆绑在一起。

如果利率周期内利率正常上升，则现有债券价格下跌。

为什么呢？如果市场上有利率为6%的同等信用质量（即信誉评级）和到期期限的新债券产品出现，你还会购买利率为3%的旧债券吗？

当然不会。没有人会在这种情况下仍然选择利率低的旧债券产品。因此，旧债券价格会下跌，一直跌到3%的利息和到偿还期限时的价格上升空间加起来，等同于6%的年利率带来的利息。

因此，即使是如瑞士国债一般的一流债券，价格也有可能跌到平均水平以下。

但在利率下降的前景下，向你推荐的操作只能是：买入、买入、买入。

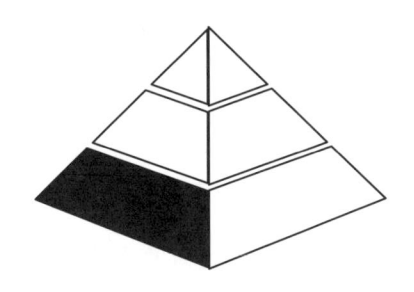

长期投资建议：坚持只用"本国货币"进行投资。

利息自动再投资？交易所交易基金和投资基金是最简单的方法。

当利率下降时，你应该用债券产品取代其他投资产品，来填充你的资产金字塔，并且应该选择那些到期期限尽可能长的债券。而且，应该选择信用评级为 AAA 的债券。

这样的话，有可能实现与股票相媲美的更高的回报，而且更加安全。

在这种情况下，你不要被短期利息类投资高出来的 1% 的利率所迷惑。宁可投资未来 10 年中保持 7.5% 利率的国债，也不投资未来 3 个月利率 8.5% 的其他项目。

在高利率时期，尤其需要特别关注，因为，此刻你有机会很好地实现你的目标：

为了一个 5 年目标（例如购买一辆新车），你可以购买一份到期期限为 5 年的债券。

为了一个 25 年的目标（例如偿还抵押贷款），你可以将一份到期期限为 25 年的债券置入你的资产金字塔（除了股票部分之外额外置入）。

或者，作为退休人员，根据未来不同目标需要的预期收益，你可以现在将你的退休金资本分别投入到到期期限不同的多个债券产品中。

债券并不那么无聊，特别是如果你能"自己动手做"，战略性地在资产金字塔中对其进行构建。

长期、中期和短期债券基金和交易所交易基金能够帮助你找到合适的具体债券项目。尤其是交易所交易基金，对刚刚入门的投资新手来说十分值得推荐。这样一来，你就不必再操心利息再投资的问题了。

除非你想切实地体验一下外汇的风险，否则你债券项目的主要部分都请使用"本国货币"进行投资。

私有住房或房地产投资都是长期有形资产，并且可以预防通货膨胀带来的损失。与此同时，租赁出去的私有住房和房地产投资往往是比债券更好的（养老金）收入来源。

第三种建筑用砖：私有住房

拥有私有住宅的目的不管在哪儿都是一样的：在这世上拥有一处容身之所。在自己家里做自己的主人。

除了这种"幸福论"之外，作为能够有效抵御通货膨胀的有形资产，房地产价格通常与生活成本同步上涨。

地段、地段，还是地段。这一点被全球的房地产买家反复强调。在黄金地段买一套破旧的房子，也好过在错误的地点买一栋豪宅。

私有住房有两个功能。首先，到退休时，它很可能会增值。其次，私有住房可以提供可预测的、并且随着时间的推移相对较低的住房成本。

在理想的情况下，由于住房成本低，你可以降低或分期偿还你的抵押贷款，从而增加你的资产。

当你退休的时候，私有住房能为你提供几种不同的选择：无论享不享有终身居住权，你都可以选择把房子卖了，从而获得养老资金。如果抵押贷款，贷款方认为有足够的回旋余地，你也可以出于同样的目的——额外的养老资金——将房子进行抵押。当然，你也可以将房子出租。

这取决于你的个人喜好，特别是你是想留在同一套住房、同一个地方，还是想在其他地方享受你的晚年时光。

如果退休时，你没有选择卖出一套私有住房，而是选择将其出租，那么私有住房就会像债券一样产生长期收入。

第六章　建筑用砖　81

因此，通过这种方式，租出去的你的私有住房就转化成了一笔退休金，即租金收入减去支出（抵押贷款利息、运营成本、维护费用、翻新资金等）。

因为你的私有住房同时还是一个有形资产，随着通货膨胀率的增加而升值，因此，长期来看要比投资债券更具优势。

不过，话永远不能说得太满。房地产价格也可能由于多种原因而下降，特别是在相关市场出现供过于求的情况或是通货紧缩的情况下。

如果房地产的价值一路朝着抵押贷款数额的方向下跌，甚至跌破这个价格（就好像2008年美国次贷危机中发生了千千万万次的那种情况），这就是致命的情况。

在这种情况下，首先，你会失去你的自有资本；其次，银行将会要求更多的资本，或是回收你的房产。

因此，最好通过按揭还款购买私有住房，从而增加自有资本部分，以便能在房地产价格一路下跌时拉一把刹车。

房地产投资——介于金融资产和有形资产之间。
房地产投资是长期债券的替代品。

第四种建筑用砖：房地产投资

本节讨论的对象主要是可以获得收益的房屋、公寓，房地产基金及交易所交易基金。不过同样的内容基本上也适用于你的私有住房。

房地产既是有形资产，也是金融资产。一个有形资产的极端例子可以是一块在黄金地段的建筑工地，或者是一个在绝佳位置的拆迁项目。

因此，具有增值前景的房地产适用于百万资产金字塔的建造阶段。

虽然与明显属于金融资产的投资项目（比如债券）不同，但出租公寓或租出去用于中小型企业或商品交易的房地产也属于金融资产。用于租赁的房地产也适用于晚年时的消费阶段。

持续收取高额租金的房地产抵押给银行时，可以获得更高的抵押资金。因此，与抵押私有住宅相比，其需要的自有资本更少。

房地产基金是适合用于为私有住房或出租房屋进行储蓄的工具。其中一些侧重于较高的股息或红利，因此，更倾向于是一种金融资产/货币性资产。另一些则侧重于增值前景，因此，更倾向于是一种有形资产。

房地产基金或房地产交易所交易基金的优势是流动性。你可以今天买进，明天就卖出，要比出租房屋更加灵活。

第六章　建筑用砖

黄金本身就是一种价值，在历史上比任何一种货币都要好。为了安全起见，请始终在资产金字塔中保留10%的黄金。白银也像是黄金一般的存在，还是在工业、医药行业和电子行业都十分重要的一种金属。

第五种建筑用砖：黄金与白银

黄金就是一种货币。黄金是世界上最安全的货币。

千百年来一直到今天，甚至是在乱世中，黄金都始终保持着其购买力，纸币却没有。

100年来，美元的购买力下降了99%。即使是世界上最坚挺的货币——瑞士法郎，现在也只有30年前一半的购买力。

黄金不依赖于政治家和金融机构的承诺。黄金虽然在经济上相对用处不大，但是它确实稀缺。

黄金作为财富和权力的表现形式，在所有文化中都是重中之重。黄金本身就是信用评级，本身就是一种价值。

由于黄金价格作为"避险货币"直接指出了政治上的弱点和错误，黄金在市场上被操纵（自20世纪70年代以来由美国进行），被扼杀（规定固定价格直到20世纪70年代），或完全禁止私人拥有黄金（20世纪30年代到70年代的美国）。

自20世纪70年代初期价格释放以来，黄金始终处于上升趋势，但黄金价格大幅波动。从1970年—2018年年底的黄金价格变动轨迹（单位：美元/盎司）：35 → 400 → 200 → 850 → 300 → 1 900 → 1 100 → 1 280。

更为剧烈的是金矿行情的波动。例如：当黄金价格为1 300美元/盎司时，一个金矿的生产成本为1 200美元/盎司，盈利为100美元/盎司。现在假设黄金价格上涨了100美元（涨幅为7.7%），那么金矿的盈利就涨到了200美元/盎司（涨幅为100%）。

黄金即使是在通胀时期、危机时期、经济及地缘政治动荡时期和货币动荡时期都在保持上涨。

当利率处于低谷时，黄金价格会上涨。特别是当美元的实际利率低于2%，甚至是负值时（实际利率 = 10年期美国国债利率 – 美国通货膨胀率）。

另一方面，如果能够通过储蓄账户、债券或是在货币市场上获得有吸引力的或是更高的（实际）利率，黄金价格就会止步不前或下跌。

因此，黄金应该始终占到你资产金字塔的10%，随着资产金字塔总额的增长，作为你的战略安全股——投资黄金的数量也应该增长。全球的国有中央银行也在持有这种"无用的金属"作为最后的救命稻草。这是为什么呢？

白银实际上比黄金更值得投资，而且极其便宜。
选择"实物"投资，而非"综合"投资。

白银 = 黄金 + 电子行业 + 医药行业 + 工业

白银被认为是"穷人的黄金"，几千年来一直和黄金一样，是非常可靠的货币。

20世纪60年代及20世纪70年代时，白银价格上涨，库兰特硬币（Kurantmünzen）中所含白银的价值超过了硬币本身的币值，这使得它们被收藏者收藏，从市场上消失了。

直到20世纪，只需花15~20盎司的白银就能买到1盎司的黄金。此后，该比率一度上涨到了90∶1。目前（2018年年底）的比率是80∶1出头。

有研究认为这背后的原因是某股势力对美国期货市场的操纵。由于白银在电子行业、工业和医药行业具有一定的商业价值，因此如此低的价格实际上是一个悖论。

长期来看，白银的价格有望可以回到历史上与黄金价格的比例，即20∶1。

但无论如何，值得注意的是，白银价格的上下波动比黄金还要剧烈。贵金属价格变化引起的金矿与银矿股票价格的波动甚至更为剧烈。

投资贵金属的最佳方式是投资基金和交易所交易基金（ETF，即交易型开放式指数基金）。纯粹与贵金属本身相关的交易所交易基金、纯粹与贵金属矿相关的交易所交易基金以及与贵金属本身和贵金属矿都挂钩的混合交易所交易基金在市场上都可以买到。

投资贵金属相关基金或交易所交易基金，就可以不必担心贵金属的储存问题。而且还可以随时通过少量的资金投入来积累资产，例如通过平均成本法。

不过，不是所有与黄金和白银有关的投资都适用于刚刚我们讨论的那些内容。只有当贵金属与银行结算无关，真正的"实物"投资，即投资合法独立的基金或交易所交易基金的情况下，才能确保你所持有的黄金的安全。

相比之下，使用纸质合约（即期货和衍生产品）在黄金和白银上进行"综合"投资，通常会使你面临多重的交易对手风险，可能会导致你损失所有在重金属方面的投资。

为什么呢？你的银行可能会破产，证券交易所可能会因为证券太多，实质的金属锭太少而崩盘。你的负责与银行进行交易的经纪人可能会破产，他交易链上的上家或下家也可能会破产。

因此，投资黄金和白银只能以"实物"的形式通过购买基金和交易所交易基金的方式来填充资产金字塔。又或者干脆直接把贵金属本身锁进保险柜。

你的证券账户是股票和债券的大杂烩吗？

可以设置两个证券账户，一个放在金字塔的底层，另一个放在金字塔的中间层。

或者只在金字塔的底层放置一个证券账户。

第六种建筑用砖：证券账户，投资组合

证券账户往往是除私有住房之外的另一种实际财产。

证券账户也常常是朋友、商情报告书、专家导师和业余爱好者过去做出过的忠告的"坟墓"。或者或多或少可以说是银行工作人员或者经纪人剪裁合体的西服。

因此，通常情况下，证券账户与投资者的任何愿望、目标或蓝图之间都只有松散的联系或者根本不存在联系，在我们这种情况中就是百万元资产金字塔。

位于资产金字塔底层的证券账户

可能你把所有的财富都集中在金字塔的底层，其中一半是有形资产，一半是金融资产。其实，如果你还处在建设阶段的初期，那么，建议你增加有形资产的比重。

因此，您的证券账户除了包含流动资金、保险和私有住宅之外，还包括黄金、白银、股票、到期债券和房地产。

要找到合适的投资组合和正确的组成方式并不简单。如果能通过机器人投资顾问或资产管理人获得准确的指导（和控制），那成功的概率会更大。

作为一种选择，"自己动手做"几乎是不可避免的。在这些位于金字塔底层的每一个投资领域里，都有低成本的交易所交易基金，或者至少是投资基金。一旦开始投资，一切都会相对简单地运行起来。

非常重要的一点是，每年都要重新调整一次组合的构成，因为有可能这个投资项目上涨，而那个投资项目下跌了，偏离了原本计划的百分比分布，这时可以通过卖出和买入进行调节（称为再平衡）。

也就是说，卖出上涨了的变得昂贵的投资项目，买入下跌了的变得便宜的投资项目——一个非常简单却可以成功的自动式操作。

在良好趋势下的专业投资组合。

经理人与投资组合基金。

位于金字塔中间层的证券账户

金字塔中间层的证券账户不必占比 30%。你也可以将资产 100% 地保留在金字塔的底层上。

在中间层的 30% 的投资组合中,"管理"是不可或缺的。对这些项目进行投资的目的是为了从市场的良好趋势中受益,买入之后就撒手不管的情况只适用于金字塔底层。

你或者你的"经理人"应该在市场走势上升时投资股票或者贵金属,在市场走势下降时投资债券,在利率上升时投资货币市场。

你应该已经了解关于"经理人"的一些事实了:他们总爱倒手倒到"两手空空"。经理人或者经纪人往往会倾向于过于频繁的买入和卖出(你需要为了这些操作支付费用,计算业绩)。

如果要"自己动手做",你就必须自觉地研究关于市场分析、经济和巨大的市场噪音的问题,以跟上市场的重要发展趋势。或者,你也可以在网上或从报纸上参考一些信息。

聪明的投资者也可能会在这 30% 的中间层投资项目中开展投注竞争,比如将其中一半交由经理人打理或投资基金 A,另一半投资基金 B。这个经理人可以是机器人投资顾问。几年后再对两组的情况进行比较,之后整个 30% 都使用表现更好的那种方法进行投资和管理。

在市场上种类繁多的投资产品中,可以找到各种特殊的投资组合基金或交易所交易基金。比如,对下面这个例子来说,投资目标基金就是一个很有趣的选择。

例如：假设你的目的是在基金到期之前，借助一个极好的、灵活的投资组合，能够取得良好的回报。

基金到期的期限越近，风险就越低。股票的份额应该减少，短期有息证券的比例则应该增加，就和即将退休时应该对资产金字塔进行的操作一样。

在您决定对投资组合基金或交易所交易基金进行投资之前，要先从每一个细节入手，了解其是否和你的意向完全一致。就像你用显微镜仔细审视一个资产管理人一样。

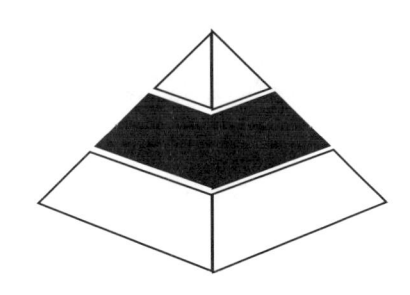

从长远来看，股票能提供最高的回报。

股票既是机会证券也是风险证券。它既吸引着高利润，也面临着高风险。

第七种建筑用砖：股票

股票是有形资产。作为股东，你就是公司的共同所有者。与债券不同的是，如果投资的是债券，你就是债权人或银行家。

股票不会像债券那样在特定的日期返利。例外的情况是该公司被清算、破产或被另一家公司接管。

投资了债券，你会以一个固定的利率得到利息。然而股票的股息是可变化的，与公司的业务情况挂钩。

如果公司的生意不好，股息也可能被取消。不过，成功的、坚挺的企业会在数年甚至数十年内不断增加股息。

长期以来，股票投资的增速是高于债券投资的。通过正确的策略可以实现超过10%的长期回报，过去是可能的，现在仍然是。

然而，在市场形势极其糟糕的时期或是大跌的情况下，股票可能需要10年甚至更长的时间才能弥补损失——从 1929~1940 年，从 1972~1982 年。

如果你是一个年轻人，还有几年甚至几十年的时间来实现百万财富的目标，那么这些阶段就还可以承受。

但不仅仅是年轻人，所有想在 10 年、15 年甚至更长时间内实现资产目标的人，都应该投资金字塔底层的股票，以获得长期来看较高的收益率。

即使是 70 岁的人也可以投资股票，然后在 85 岁那年购买养老保险。

如果离达到资产目标剩下的时间还不到 10 年，那么就应该只在股票市场位于谷底或有着强劲的看涨趋势时进行投资。这种事有时候说起来容易做起来难。

股票是开放式的风险证券。在市场繁荣的阶段，股票永远会被高估为机会证券。

股票市场的诸多规则

关于股票投资，已经积累了一系列的股票市场规则。这些规则是从几十年的统计数据中总结出来的。它们基本上是不言自明的，而且也很有趣。下面我们来列举一些。

经济好，股市好

从长远来看，这条规则当然是适用的。一个经济繁荣国家的股票市场比一个慢性贫血国家的股票市场增速更加迅猛。

不过，尽管经济正在增长甚至正在蓬勃发展，股市却在下滑的情况仍然经常出现。反之亦然。在经济下滑带来诸多负面消息的情况下，股市却在上涨，这种情况往往使众人不解。

对此合理的解释是：股市是与对未来的预期相挂钩的市场。当销售额和利润上升时，股息就会增加。

还有一个更高的可能性：股市是与对未来的预期相挂钩的市场，预期的内容是其他人的期望是什么，以及最终第三方可以做什么或必须做什么。

例如，如果建筑活动如预期般增长，但是不如预期强劲，投资者就可能会感到失望。他们会选择卖出，股价就会下跌。

因此，股市更多的是经济发展情况的晴雨表，而不是温度计。针对现实经济世界中潜在的积极和消极的事态发展趋势，它能很早就做出反应。

股票市场是实体经济的晴雨表,而不是温度计。

对于股票投资来说,央行行长比财政部部长更重要。

利率下降——牛市;利率上升——熊市

股票和利息类投资(债券)一直在互相竞争。如果投资者能通过AAA级国债获得10%以上的利息,他们将很少投资甚至不投资股票。因此,如果利率较低,股票将更具吸引力。

如果利率很高,央行就会实行紧缩性货币政策(为了对抗通货膨胀或者放缓经济增长速度)。结果就是,流入股票市场的资金减少了。

在低利率的情况下,中央银行会通过增加货币供应量来对抗通货紧缩,刺激经济。结果就是,会有更多的资金流入股市。2008年经济危机后就是一个例子。

这是利率周期中的两个极点。从数据统计角度来看,两者之间的变化如下:当利率下降时,股票变得越来越有吸引力,特别是当长期债券利率和短期利率(于货币市场三个月的投资)同时下跌时。

另一方面,在利率上升的情况下,股市会越来越疲软,尤其是当短期利率上涨时。中央银行利率对股票市场的影响和公司利润同样重要。

除了(短期)固定利率之外,中央银行也可以间接进行操控,例如通过买进和卖出债券,或修改金融部门的规则。

永远顺流而下，还是逆流而上

由于长期来看，股票是所有投资项目中涨幅最高的，因此它们很适合作为长期投资。但这也就意味着投资者也躲不开熊市或横盘走势。

许多所谓的动量投资者都试图把重点放在上涨趋势上，并加速上涨。也就是说，他们只有在股市变化趋势已经确定时才跳入股市。他们只选择顺流而下。

与此相反，逆向投资者选择逆流而上。他们尝试抓住股市变化趋势刚刚转向的时机，以获得在这个阶段常常出现的高额利润。

完美的策略是，当股市曲线到达顶峰或是谷底时逆流而上，在两个极点之间则顺流而下。

说起来容易做起来难：当趋势曲线到达极点时，并不会有闹钟响起来。而且即使在上升趋势中，股市也有可能会休息一下，甚至还可能掉头向下。那么问题来了，是到达了极点，还是只是一个小小的波动？

下面这个实用的建议是很有意义的：如果股市已经长期保持上涨，那么就减少手中持有的股票，而不是继续买进。

当天使们唱歌的时候卖出；当加农炮轰鸣的时候买入

这一条规则在美国股票市场规则中表达得相当赤裸："卖出好消息，买入坏消息（Sell the good news, buy the bad news）"。如果只有好消息满天飞，而听不到半点坏消息，那么就达到了最高点。相反，就是已经触到了谷底。

刚刚提到过的逆向投资者除了手头的其他辅助资料之外，肯定也会考虑这个规则，以更好地把握趋势转变的时间节点。更多关于股票的趋势转变的内容可以在后面"时间更可靠，还是时间节点更可靠"一节中找到。

冬半年的中国股市：从 100 元涨到 475 元。

夏半年的中国股市：从 100 元跌到 41 元以下。

只在冬半年投资股票

从历史上看，有一个全球性的发展模式，几乎每年的股市发展情况都与这个模式相吻合，中国股票市场也适用于这个模式。

在冬半年（11 月初至 4 月底），股价上涨幅度大于夏半年（5 月初至 10 月底）。或者说，在夏半年，下跌的情况更频繁，跌幅也更大。与此相关的经验法则是："5 月份卖出，就不再买入（Sell in May，and go away）。"

对于中国股市具体来说，以道琼斯上海指数（道沪指数）来衡量，从 2002 年（11 月）到 2018 年（12 月）：

长期投资（买入并持有）从 100 元上涨到了 208 元。

夏季投资（每年 4 月到 11 月的投资）从 100 元降至 41 元。

冬季投资（每年 11 月至 4 月的投资）由 100 元增加到 475 元。

（道琼斯上证指数的月度数据详见附录）

一月登顶，九月崩溃

像冬半年战略一样，还有其他一些策略使用日历来制定股市交易规则。按照这些策略，从数据统计的角度出发，1 月份是中国股市最好的月份，8 月份和 9 月份是最糟糕的月份。

或者有这样一个规则：1 月份是什么样，一整年就是什么样。1 月份的情况指明了本年度的方向。不过这条规则在中国股市并不非常可靠。

9 月份的第一个星期一是美国的劳动节。如果美国股市在这一周上涨，则在这一年年底也会有所上涨。美国股市是世界领先的股市，因此经常被其他股市跟随。

在（公元纪年的）年末，股价上涨的概率超过80%。

还有一个有趣的说法：按照公元纪年法，本年的最末一位数字也与股市情况有关（如2017年的最末一位数字是7）。末位数字5是股市的幸运数字。末位数字8是排第2的幸运数字。相反地，股市最坏的年份以7和0结尾。但是在中国，股市历史太短，因此这个说法不是十分可靠。

不同的周期规律可能互相重合叠加，例如，有人将美国的选举周期与股市的发展周期相挂钩。选举年（如2016年）和选举前一年都是股市发展良好的年份。选举之后的年份就不如之前的好了。

还有关于月球的股市交易规则：新月前后5天股市发展大多积极。

还有一个怪异的股市规则：如果女性普遍穿迷你短裙，就说明股市情况较好；如果她们穿拖到脚踝的长裙，则相反。

减少股票投资的风险

时间是你最好的朋友。股票价格可能会波动非常剧烈，但从历史上来看，整体涨幅高于利息类投资。坚持15年的话，每只股票都会高于利息类投资。

因此，在10~15年内一定用不到的资产，可以现在就全部投入股市。即使是65岁的投资人，也可以将80岁以后才需要的养老金用于股票投资。

持有10~12只股票是最理想的情况。金融学家已经发现，通过在投资组合中选择10~12只相同权重的不同股票，就可以实现回报和风险之间的最优化。

股票投资成功的公式：相同的权重、价值股、小型股、新兴市场。再平衡——一年一次，最好在 4 月下旬进行。

只持有一只股票意味着 100% 的损失风险，这在金融史上并不罕见。即使是一流的企业，也可能在很短的时间内破产。

尽管如果在投资组合中拥有 12 只以上的股票，风险曲线会缓慢下降，但投资者支出也会增加。这种情况下，建议投资交易所交易基金和基金，而不是个股。

如果投资成功，收益率可以超过 10%。排名第 1 的选择是相同权重的新兴行业小型价值股。排名第 2 的选择是相同权重的新兴行业标准价值股。第 3 名则是相同权重的股票指数标准价值股。

令人惊讶的是，成长股的表现比价值股差。股票型基金、指数基金和交易所交易基金适合长期投资。

走出国门。通过多样化投资，持有 10~12 只股票是降低风险的一种方法。股权的国际多元化也是一种多样化投资方法。

这条策略对于交易所交易基金来说尤其适用。一个简单的公式如下：股票投资组合中可以有 1 只占比 30% 的亚洲交易所交易基金、1 只占比 30% 的美国交易所交易基金、1 只占比 30% 的欧洲交易所交易基金，另外 10% 可以是黄金、白银或贵金属矿。

核心与卫星。在固定的核心股票（或交易所交易基金）周围围绕着不同的卫星股票（或交易所交易基金）。

对于固定的核心股票（占比 70%）来说，长期投资最好的选择，也就是小公司不受关注的价值股（占比 35%）加上普通价值股（占比 35%），这两者长期来看，显然可以带来 10% 以上的回报率。卫星股票则是新兴市场行业股票（占比 20%）和黄金/白银/贵金属矿相关股票（占比 10%）。

遵循冬半年/夏半年策略。正如我们刚刚提到过的，冬天对股票投资来说是更有吸引力的时候。在夏天会有更多表现不佳的情况。

因此，新的资金只能在 10 月底时投资于股票，或在秋季股市走低的时候。如果你想卖出，那么就在夏天之前卖出。

按平均成本法买入。总是投入相同的资金买入与总是买入相同的股数相比，能带来更低的成本价格。同时也降低了风险。

每年一次——再平衡。按照核心和卫星理论策略性做出的 30∶30∶30∶10 划分等需要被重新调整。根据冬半年/夏半年战略，卖出的最佳时间是 4 月底。买入的最佳时间则是 10 月底。

最初选择的策略要坚持执行，持续多年，这是非常重要的。

避开股市中的陷阱

尤其在投资股票的时候，投资者容易陷入尴尬的境地，即在想要抽身的时候遇到障碍，或是需要承受痛苦。关于这点需要注意些什么呢？

不能卖/不想卖。大多数情况下，你不能或者不想亏本卖出。亏本卖出违背了大多数人的底线。原因也许在于，很多人把这件事（错误地）和个人的失败联系在了一起。

在今天的行情下，您有足够的理由买进同样的股票吗？如果没有，卖！至少卖一部分或者卖一半。

你也可以选择一个可以快速弥补卖出带来的亏损的替代品。或者还有一个更好的办法：卖出可以盈利的股票，就相当于抵消了亏损的股票。这样就可以腾出两倍的空闲资金用于其他更好的投资。

如果股市急剧下跌，那么它也会迅速复苏。从历史上来看，这只是一种一厢情愿的想法，通常只发生在股市短期崩溃的时候。

这个规则的适用范围则更广：股市上涨的速度比较慢，而下跌的速度则要快得多。这就和爬山一样，向山顶攀登花费的时间总是多于下山需要的时间。

不要贪得无厌。贪婪，还有恐惧，都是错误的引导，它们会使你看不清风险和机遇。

请尝试和期望获得更多利润的贪婪做斗争：在已经盈利的情况下，卖出一半所持有的该股，而不是继续买入！相反，如果需要克服对亏损的恐惧，也是卖出一半！

股市的"黄金十字"和"死亡十字"分别是什么意思？
在2007年—2008年的股市中避免60%亏损的方法。

时间更可靠还是时间节点更可靠？

本书的箴言是：在投资中利用时间和系统实现复利。这比琢磨股市的走势更加安全。

不过，你要先在本节中了解一个把控时间节点的方法，通过这个方法，你就可以搞定买入和持有的时间。前提是，你具有相当的自制力，并且能够找到简单的股市行情图。

你可以从网上找一个股票经理人的主页、银行或者财经报纸的官网、股市行情分析网站或者其他网页。

在这些网页上，你可以找到你想购买的、已经买入的、希望卖出的股票、交易所交易基金或者整个股市的行情图。

打开行情图。插图6-1中展示的是以美元为单位的DJSH，即道琼斯上证指数。请选择Weekly Chart，即每周行情图进行查看。

现在，你可以从大多数网站上在行情图中选择并输入移动平均线。请选择这两个：10周和40周，我们将其称为"10周均线"和"40周均线"。至此，时间序列模型就完成了。

时间节点模型规则1　如果40周均线刚刚到达最高点转而下降，同时10周均线与40周均线交叉并下降（形成的图案称为死亡十字），则不应持有股票。果断卖出，卖出手里所有的股票。

时间节点模型规则2　如果40周均线刚刚到达最低点转而上升，同时10周均线与40周均线交叉并上升（形成的图案称为黄金十字），则是买入股票的好时机。

时间节点模型规则 1 和 2 适用于长时间的，大多持续数月甚至数年的趋势。如果走势转向阶段不明确，则宁可不投资股票——谨慎地犯错也好过莽撞地犯错。

时间节点模型规则 3　如果股价已经远远超过了 40 周均线，当 10 周均线刚刚到达最高点并转而下降，且股价在 10 周均线下方下跌时，不要持有股票，卖出。

时间节点模型规则 4　如果股价已经远远低于了 40 周均线，当 10 周均线刚刚到达最低点并转而上升，且股价在 10 周均线上方上涨时，就买入股票。如果此时 10 周均线又重新下降，那就立刻再次卖出。

时间节点模型规则 3 和 4 则适用于极度震荡以及短期波动（如几周内的波动）的情况。

掌握了这些规则，你将不会遭遇 2008 年的股市和金融危机，因为你将在 2007 年底之前卖出股票，从股市中抽身。而到了 2008 年底或最迟到 2009 年 3 月份，你将会在股市触底时再次进入股市。

在行情图上选取一段持续数年的股市走势曲线，这段曲线要经历了波动，但是差额不变。如果你只遵循了规则 1 和规则 2，那么你从这段投资中获得的收益要比长期投资多。

这些股市规则说明了"时间比时间节点更可靠"的原则可以在一定程度上不被遵守，但是你必须始终自律地遵守这些规则，然后盈利的机会就非常大，你甚至可能会比大多数金融专业人士和专家取得更好的结果（这些人往往会出于一己私利告诉你，依靠时间节点模型取得成功是不可能的）。

10周均线在哪一点与40周均线相交?
道琼斯上证指数的10周均线和40周均线在哪一点相交?

(a) 2006—2011年

(b) 2012—2018年

（黑色） ——— = 指数（每周价值）
（蓝色） ——— = 移动平均线（10周）
（红色） ——— = 移动平均线（40周）

股市行情图来源：stockcharts.com（以美元为单位的道沪指数行情图）。

图 6-1 道琼斯上证指数

投机美好得让人心痒难耐，不过只在能取得成功的前提下。

亏损和失望的可能性总是更大。

如果必须要进行投机，那么就必须要遵守铁律。

第八种建筑用砖：投机性投资产品

本书是一本研究策略的指南，投机不属于本书的任何一部分。永远记住墨菲定律——任何可能出错的事都会出错。

如果要进行投机性投资，请只用那些不仅不会使你陷入经济上的紧急情况，而且不会给你的情绪带来恶劣影响的资金作为本金。如果盈利了，当然开心；但如果亏损了，也只是一笑而过。

如果你想投机，就自己来操作，而不是成为某个经理人的客户。

最好在某个你通过工作、业余爱好或者生活圈子十分了解或者比普通大众更加了解的领域进行投机性投资。

用于投机性投资的资金最多占资产金字塔的5%。这样即使亏损，也可以在一两年之内把损失弥补回来。

将用于投机的资金和资产金字塔中的其他资金清楚地分开，存放在另一个独立的账户里（比如放在一个成本较低的网上经纪人那里）。

甚至在投机开始之前，你就应该准备好抽身的策略。例如，一旦获得第一笔利润就卖出一半。

如果要投机，请只选择那些即使亏损也最多赔光本金的项目进行投资，即股票、期权、衍生产品、杠杆型交易所交易基金等，期货显然不包括在内。如果投资期货失了手，就有可能损失数倍于本金的资产。

如果投机失败，一定不要追加新的投入。直到下次着手投机之前，请多花点时间冷静思考一下。

同样，如果投机进行得非常顺利，也不要追加新的投入，不要变得"贪得无厌"。

将每一次投机收益中的 20% 转入资产金字塔的其他部分。

永远要设置一条及时止损的底线，比如，当目前的价格降到比买入价格低 10% 的时候就选择及时止损。这样即使遇到行情不好的情况，受到的损失也有一定限度。

如果行情较好，价格上涨，那么止损底线也应该随之提高。称职的经纪人会出于这个目的提供能够自动追踪的止损底线。

世界上只有极少数人通过投机发了大财。相比之下，已经有上百万人通过努力工作、把握时机和正确的想法获得了自己的巨额资产。

黄金的行情在 21 世纪开了个好头。

2008 年经济大危机中，中国股市跌幅最大。

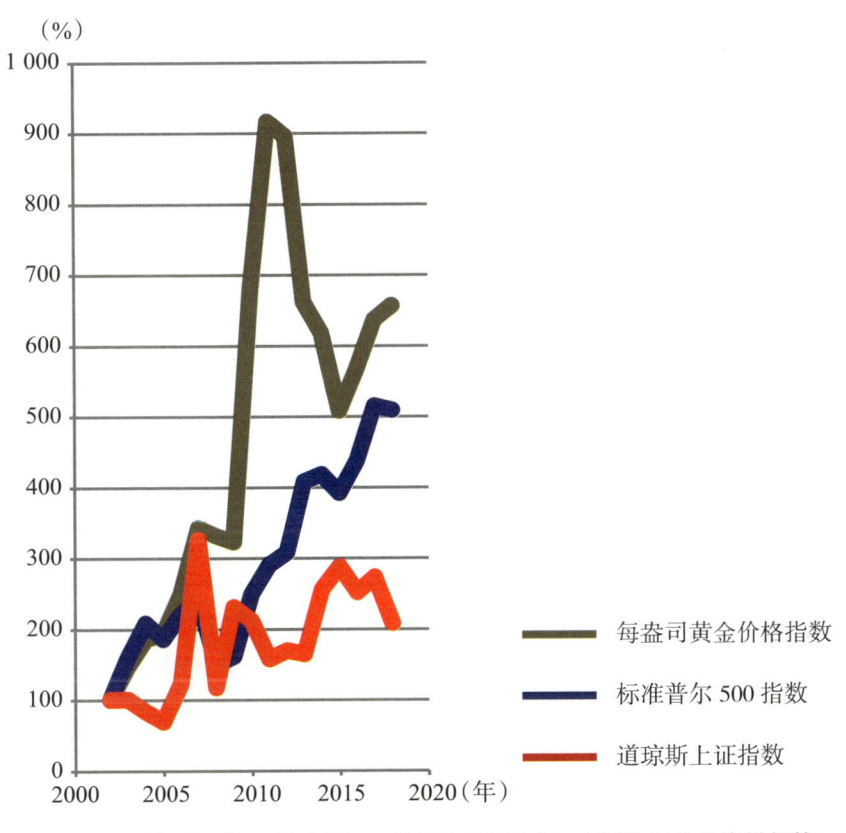

图 6-2　美国股市、中国股市、黄金从 2002 年—2017 年的热度排行榜

从中国投资者的角度来看，也就是说以人民币为单位来看，2002 年~2017 年期间，黄金以超过 500% 的优势明显优于股市的整体表现。

紧随其后的是美国股市 +409%、瑞士股市 +303%、全球股市 +162%、中国股市 +108%。

在 2008 年的危机中，黄金和白银遭遇的挫折最小（分别是 –3% 和 –24%）。

受影响最大的是中国股市（–64%），其次是全球股市（–45%），美国股市（–38%）和瑞士股市（–33%）。

在 21 世纪，贵金属是赢家。它们在金字塔底层和中间层的混合投资已经结出了丰硕的果实，并且将继续下去。

第七章 施工阶段

首先要建立坚实的金字塔底层。

还有很多年才退休？那就侧重于有形资产投资。

离退休越近，对金融资产就应该越重视。

重申：你未来的百万资产金字塔必须从一开始就建造得非常牢固、稳定。

这意味着至少有70%的资产应该永远分布在金字塔安全的、长期的底层中，而且应该被近乎执拗地给予相同程度的重视。

底层应该有约一半的部分由金融资产组成，即现金、银行账户、货币市场投资、债券、资本保险及可以产生回报的房地产。

另一半由有形资产组成，包括私有住房，具有升值前景的房地产、股票及贵金属。

在金字塔的中间层，你可以——但不必——在市场行情上涨时进行投资。

然后你可以决定，是否要雇用专业的咨询人士或者经理人，如果要雇用，是针对金字塔的哪一层进行雇用。

为了额外分散风险，建议投资专业交易所交易基金和投资基金。管理型投资组合基金也是中间层的一种选择。

投资性的金字塔顶层就让我们留给消息最灵通的外行以及专业人士吧。

如果当你开始建造资产金字塔的时候，你拥有的是银行账户里的流动资金，那么首先就要把这些资金分至金字塔的不同层中，用到不同的建筑用砖里。

如果此时你手上的资金已经投资在了金字塔体系以外的某些地方，那么可以通过买入和卖出来轻微调整各个建筑用砖的比重。

如果你想开个好头，就最好先填充建筑用砖（具体投资项目）正处于价格趋势低谷的那一层。这些投资项目现在远低于先前它们曾经达到过的价格峰值，实际上容易被专业人士和公众所忽视。

相反地，你可以拆除那些正处于价格较高、适合卖出阶段的建筑用砖。这些投资项目已经打破或是接近之前创下过的记录，是投资者群体的最爱。

不要被某一个投资项目的成功所迷惑。要把金字塔的各层都看得同等重要，这样才能更好地分摊风险。

资产金字塔的中间层是有可能出现（预期中的）严重超重的。

对于那些至少还有10年时间才退休的投资者来说，这样的超重——比如提高有形资产，如股票和贵金属的投资是可以推荐的。

对于即将退休，从金字塔的建设阶段转向消费阶段的投资者来说，金融资产是非常重要的。至少在退休后的前4年，应计划一个由利息、股息、卖出和还款组成的投资组合。现在，你就在享受你（数）百万元财富的丰硕成果了。

买便宜的东西能带来更多利润。

有种方法能够自动买入便宜的投资项目。

原则就是：价格低时多买入，价格高时少买入。

低价买入

以最低价买入，以最高价卖出——这是一个梦想中的目标，但是没有人能完美地实现，即使是专家也不行。

不过，有一个简单的买入技巧至少可以通过便宜地买入，保证百万元金字塔的持续建设：平均成本法（Cost Averaging）。

如果你总是定期投入相同的金额进行买入，例如买入一块金币，那么你就会在价格较低的时候买入更多，在价格较高的时候买入较少（见图7–1）。

而另一种方法"银行柜台法"是这样的：每个月都买入一块金币，和每个月都花同样多的钱买黄金相比，最后会拥有更多的黄金。

平均成本法对于股票和贵金属来说是尤其成功的，因为这两者多年来的价格波动一直很大。

如果你在公认市场价格比较高的时候开始进行资产金字塔的建设，那么平均成本法是更合适的方法。

如果正值股票或黄金价格走高的时候填充了资产金字塔，那么最糟糕的情况下，可能需要几年的时间才能获得利润。比如在 2000 年的互联网泡沫高峰期买入股票。

因此，最好把平均成本法设置为你买入时必须遵守的铁律。请尽可能按时投入一定的金额，平均地填充你资产金字塔的底层。

平均成本法也能打消你的疑虑，使你不必再纠结如果明天或后天买入价格会不会更便宜。这样多年之后，至少你的平均买入价格能达到一个较低的水平。

通过平均成本法便宜地买入简直就是为那些想要通过定期收入来积蓄出资产金字塔的投资者量身定制的（除了买入金币以外，也可以买入贵金属交易所交易基金）。

平均成本法：价格低时多买入，价格高时少买入。

结果：通过聪明的办法增加 30% 的收益。

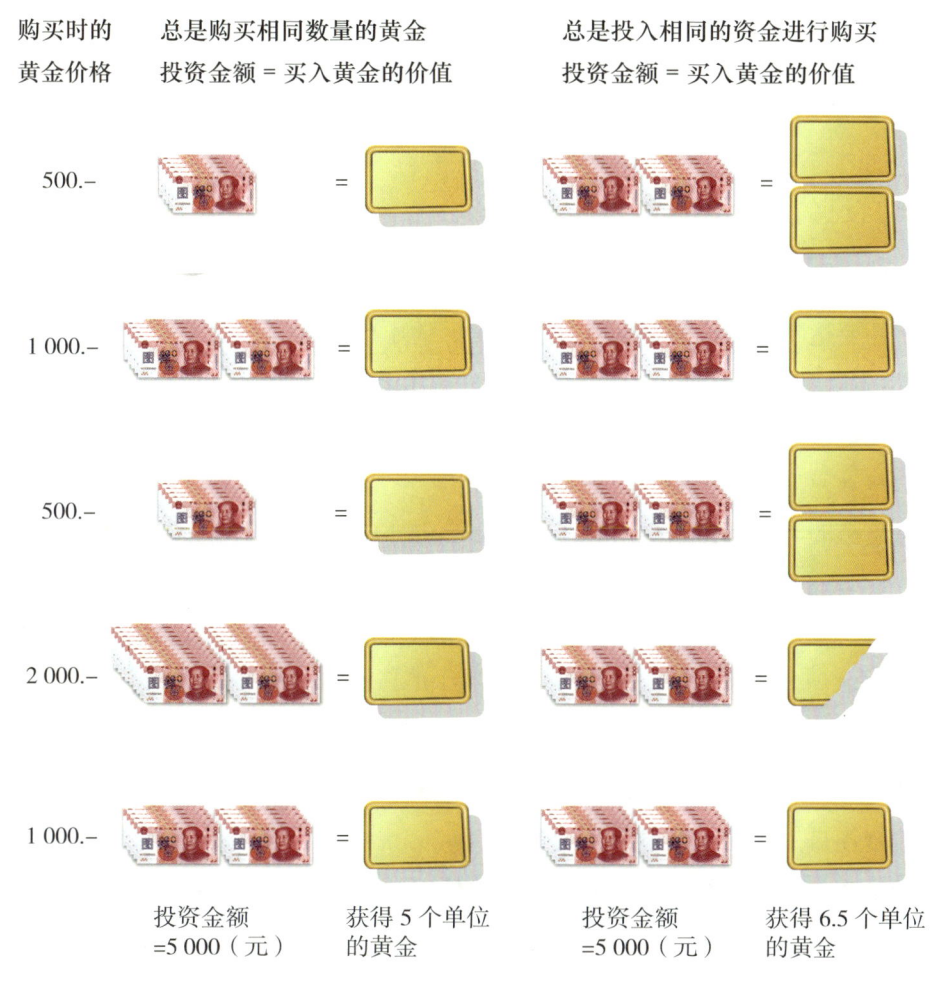

购买时的黄金价格	总是购买相同数量的黄金 投资金额 = 买入黄金的价值	总是投入相同的资金进行购买 投资金额 = 买入黄金的价值
500.-		
1 000.-		
500.-		
2 000.-		
1 000.-		
	投资金额 =5 000（元） 获得 5 个单位的黄金	投资金额 =5 000（元） 获得 6.5 个单位的黄金

图 7-1

花一样的钱，买到更多黄金

系统地投入相同的资金买入黄金（甚至股票），与系统地买入相同数量的黄金相比，能够得到更多的黄金。

第七章 施工阶段

什么时候"自己动手做"，什么时候聘请专家？

宏观规划最好由你自己完成。

如果一项投资需要更多的知识或者时间，就聘请专业人员。

将自己的主动性与咨询顾问相结合

如果你把你的资产像丢给总承包商一样简简单单地全部委托给专业资产管理人，还要达到超出你的预期收益，那是天堂才有的事。

"尽量赚到 100 万元，200 万元或者 800 万元更好！"

不，这样是行不通的。大部分的前期工作必须要由你来完成，即根据你个人的情况和愿望制定相应的目标和计划。

最简单的方法就是由你自己决定，哪些事情你可以通过"自己动手做"来克服，哪些部分你更愿意委托给专业人士。

还有一种可能性很高的情况就是，你希望在资产金字塔底层的建设阶段中通过践行平均成本法来自己操作，同时学习更多关于投资的知识，也就是所谓的"边做边学"。

如果你已经熟悉投资的话，你也可以着眼于金字塔中间层的着重于趋势分析的投资项目。

无论如何，资产金字塔中的每一块建筑用砖，在市场上都有相应的各种各样的投资产品，不论是交易所交易基金、指数基金还是投资基金，都可以由其背后的管理者做出决定。

顺便说一句，经理人也会把项目委托给其他专业人士。比如，一位欧洲股市经理人把他手上的美国投资组合移交给了纽约的交易所交易基金经理人，黄金部分的项目委托给了苏黎世的交易所交易基金经理人。

因此，你需要确定你想要或可以独立照料资产金字塔中的哪些模块。剩下的部分，才是你由于缺乏专业知识或时间情愿委托给专家的部分。

因此，"自己动手做"和委托给专家之间有无数种可能的组合情况：

你基本上不想和投资这件事扯上任何关系，只想确定你的资产在可靠的人手里。这种情况下，你需要一个值得信赖的资产管理人或者银行工作人员，又或者机器人顾问——也就是任意一种形式的投资总承包商。

或者你希望亲力亲为，比如在除了股票之外的其他项目上：那么就可以考虑投资交易所交易基金、指数基金、投资基金，或者委托银行工作人员、经纪人或资产管理人。

聘请资产管理专业人员需要花费些什么？

如果你的资产不到 100 万元，那么你就是一条小鱼。在全球范围内都是如此。因为，没有资产管理员或者银行工作人员愿意将你当作唯一的客户围在你身边。相比于 20 个有 100 万元资产的客户，他们更喜欢一个有 2 000 万元资产的客户。

一般来说，作为辛勤劳动的回报，一个资产管理员一年能获得平均管理资产总额的 1% 作为当年的固定基本收入。对于总额较大的管理项目，则不到 1%。此外，如果当年盈利，则还会获得利润的 10% 或 20% 作为分红。

基本酬金在最低的情况下可以是——比如每个季度 1 000 美元。分红则通常只在受托管账户超过了此前的历史最高水平时才会被计算（高水位提成法）。

基本酬金和分红必须物有所值。有经验的投资者只有在通货膨胀率和（或）预期的利息收入被超过时才会计算分红。

如果在专业人士身上花费得太多，走向百万财富的路就更长了。
交易所交易基金是最划算的，这不仅仅适用于小投资者。
你的钱用在刀刃上了吗？

　　银行工作人员与专业资产管理员相比，优势在于他同时也通过收取交易手续费用、管理费用和从事利息相关的业务赚钱。而且对交易所交易基金和基金的返款也会收取一定的费用。出于这一层原因，他通常不需要收取分红。

　　长期以来，金融业一直认为，与律师或IT专家不同，金融领域专业人士很难从中小客户群身上收取较高的小时工资。顾客们常常期望，经济方面的建议应该是免费的。

　　在小规模市场上，针对基金及含预制元素的交易所交易基金的交易有很高的需求。因此，这两种投资项目的数量也在强劲增长——如今，这种工具的数量比股票还要多。

　　交易所交易基金或基金的管理费用和其他成本由成千上万的投资者共同承担。因此，尤其是交易所交易基金分摊到个人头上的成本相对较低，同时也带来了专业化的优势，以及分摊了的风险。

与理财顾问打交道的小贴士

　　你为什么会在建设资产金字塔的时候需要金融建筑师和建筑经理——即理财顾问或资产管理员？是为了你资产金字塔的整体概念和协调吗？还是仅仅是为了金字塔的某个模块或者建筑用砖？为了哪些呢？

　　这些问题是可以通过你的"自己动手做"计划来解释的。至关重要的一点是，你对金字塔建筑用砖和"一揽子解决方案"是否了解，这些解决方案主要包含于交易所交易基金和基金中。

就像一个总承包商一样，理想的理财顾问应该对你建设资产金字塔有一个整体的概念，并且根据你承担风险的意愿来操作，而不是凭着自己的喜好来。

确定你的投资蓝图。

根据你的目标和年龄规划金字塔的分层。

选择最好的投资项目、交易所交易基金、基金。

或者为金字塔的各层或部分层选择有能力的资产管理员。

然后，你就可以向资产管理员明确地说明自己的要求了，要书面说明！在和管理员的面谈开始之前，你就应该在纸上确定好自己的目标、任务、投资管理员的投资范围和操作界限等。

你要明确限制投资管理员的权力范围，并告知他你投资的原则。再次强调：一定要书面确认并要求他签字。

比如说，如果你要自己管理你的房地产或黄金，那么你的资产管理员不应该在投资中提高同一市场的风险。

此外，再比如说，应该跟资产管理员交代清楚你不想买入一连串的便宜货，或者投资风险十足的目前表现不佳需要后期追赶的项目。也就是说不要残酷地在市场和投资项目中进进出出。这种事往往入不敷出。当投资管理员在一年中对受托的资产进行多次重新洗牌时，你就要提高警惕了。

资产管理员应该能够证明，他对于资产金字塔中的各个模块都是专家，或是和该领域的专家保持着良好的合作。他要能证明他过去曾经辨识出牛市和熊市中的参照点。不然的话，投资成本更低的交易所交易基金才是一个更好的选择。

信任固然是好的，但监督更好，
可以等一夜，睡一觉之后再做决定。

尽管资产管理人或是基金经理人过去一贯表现优秀，但这并不能保证他未来的表现就一定很好，但是这确实是个积极的参数。长期来看，他们比那些波动超过平均水平的竞争对手要强。

你应该和你的投资顾问或者资产管理人明确一点，是否可以将你的资金投资于顶级银行、保险公司、基金或经纪人。在这个问题上做出让步的话，有可能会需要付出高昂的代价。

你的投资顾问是否足够独立，并且能从形形色色的资产管理员、投资经理和金融产品中选出最佳的选项，还是说他只推荐同机构的或某一特定机构的管理员和经理？

专业人士真的能带来优秀的表现吗？

你的投资顾问或者资产管理员有多少客户？如果你是他的第一个客户，那么你有可能会被当作一只小白鼠。当然，如果幸运的话，也可能是一名被专心对待的客户。

如果你是你资产管理员的几百个客户之一，那么你可以自己算一下，将来他花在你身上的时间能有多少。在这种情况下，机器人顾问或者交易所交易基金将会是一个更物美价廉的选择。

你要问清楚除了固定工资之外所有公开透明的费用和隐形的费用，比如资产托管费、银行手续费、管理费、转账产生的费用和佣金等。你要问清楚，谁利用你的资产赚了多少钱。

你的投资顾问或者资产管理员有没有向你保证可以盈利？如果他做出了类似的保证，那就马上停止和他的合作。市场波动是不可避免的，如果有人做这样的保证，那他是非常不负责任的，甚至是很可疑的。

如果你提出的问题没能得到满意的答复，那么你依然可以终止合作。这至少能够说明你和他之间的化学反应从一开始就不对。如果继续合作的话，那么将来这种不合适很有可能会从某项具体的投资项目中反映出来。

不要让自己被说服在任何文件上签名，即使对方给出了非常有说服力的论据也不要着急。最好等一晚上，睡一觉，再考虑做出决定。不要急于对互相竞争的几方中某一方给出的报价感到心动，并且还要让这几方知道他们自己面临着竞争。

要衡量你的资产管理人是否成功，信任固然是好的，但监督更好。要让他清楚，他的资质经受过了你的衡量，并且你基本认同了他。顺便说一句，当你做"自己动手做"时，这个做法也同样适用于你自己。

对于手中的一个投资组合，资产管理人至少应该能够实现即使是通过零风险的债券也能够实现的年度业绩。下一个更高的标准，特别是对于金字塔的个别模块来说，就是达到通过同一部分的股市指数或者交易所交易基金能够实现的利润。

你应该至少每季度监控一次你投资组合的进展情况，在刚开始的时候也可以每个月都监督一次。这也就是所谓的你和资产管理员互相了解的阶段。通过这个阶段，你可以及时对他的投资操作做出一些修正。

机器人顾问、金融科技、通过电脑进行投资。

投资专业人员指定资产的分配，银行将其转换为客户账户。

感谢电脑和交易所交易基金，只要有 5 000 美元，你就是一名客户了。

在"机器人"的帮助下变身百万富翁

这个想法在 50 年前就存在了。一家美国银行将客户系统地分为了 12 个风险组合和投资类型。

相同投资类型的投资者在托管账户中获得了相同的投资项目。机器人投资顾问也是根据这个原理工作的。

一名资产管理员、一个资产管理团队，或者一名投资经理设定投资组合，而银行则负责将这个投资组合计划付诸实施。感谢银行内部以及交易中使用的电子技术，同时也感谢交易所交易基金，这个过程比 50 年前更加迅速，也更为便宜。

举个例子，在今天的实际使用中，"机器人顾问"首先会询问你是如何评估自己的风险偏好或风险承受能力的。我们知道，这通常不是用一个数值可以确定的，风险承受能力是会从高（当市场走高时）到低（当市场走低或是市场崩溃时）进行波动的。

在刚刚这个例子中，如果你输入系统给出的最低风险承受能力，计算机会用超过 80% 的本国债券填充你的投资账户。相反，如果你输入系统给出的最高风险承受能力，那么你的投资组合中将会有超过 80% 的股票。

与机器人顾问进行具体的接触时，根据服务提供者的情况，你会接受深入的关于你风险承受能力的测试。这种测试和本书第三章中的风险自我测试类似。这两个测试的结合应该（希望）可以相当准确地显示你的个人风险承受能力。

风险承受能力也取决于不同的时间范围。你不会把几个月内或是明年要用的资金或者现金投入到波动剧烈的高风险投资项目中，而是把它们用在风险最低的项目里。

相反，那些你在10年、15年甚至更久之后才会用到的资产，就可以投资于高风险项目，比如股票。因此，你需要为这部分资金准备一个另外的资金账户，与现金储备区分开来。

你甚至可以根据你不同的目标和所需的时间范围进一步细分你的资产金字塔，即设置不同的资金账户。然后为每一个部分都开设一个单独的机器人顾问账户。

机器人顾问经理也会投资交易所交易基金。这些基金可以多元化地分布到同一个行业领域中的许多只基金中。你要注意确保这些交易所交易基金是被"实物地"投资，而不是被用于风险更高的"综合的"投资。

此外，交易所交易基金的管理费用和交易费用都是最低的（也就是所谓的总费用率，英文缩写为TER）。一个机器人顾问账户每年的总费用通常都不到托管总资产的1%。

大多数账户都是从账户开设需要的最低金额——几千美元开始的。不同的服务提供方都会将一部分交易所交易基金置入投资账户。因此，这种形式也适用于定期储蓄和从小额开始的投资。

机器人顾问经理只负责针对资产分配和投资结果做出建议。你的资金事实上是放在一家买卖交易所交易基金并保管托管账户的银行里。因此，了解这家银行的信誉是否良好也是非常重要的，这样才能知道你的资产是不是存放在可靠的地方。

选择划算的交易所交易基金指数，而不是昂贵的财务专家。
金字塔的底层是你财务和情感双方面的中流砥柱。

交易所交易基金指数作为一种建筑用砖

交易所交易基金指数相关的产品非常之多。无论或大或小，世界上几乎没有哪一个市场里没有交易所交易基金、指数基金或者投资基金。

交易所交易基金指数可用于各种股票市场，包括全球股市、各大洲股市、各地区股市、各国股市、各个行业的股票、成长股、安全股、价值股、大型企业的股票、中小型企业的股票等。

关于投资股票的策略数不胜数：只投资一种全球股市交易所交易基金；亚洲、美洲和欧洲股市的交易所交易基金各占1/3；投资未来三大产业：技术、制药、农业；投资价值股；投资一半大型股、一半小型股等。

对于房地产和贵金属来说，选择也非常多，比如所有类型的利息类投资，从短期的到长期的都有，并且可以用各种货币进行投资。

交易所交易基金指数是体现平均成本法优势的合适工具，并且可以实现金字塔底层风险的分散。

银行和其他金融机构会提供储蓄和投资计划，通过这些计划，你可以通过定期的资金投入按照你希望的投资组合计划对你的金字塔进行投资，通常分为交易所交易基金和基金，与机器人顾问通常提出的建议一样。

投资组合基金适合你百万资产金字塔的中间层，当市场趋势非常好时，投资经理人对这一部分的操作会由保守变得非常有攻击性。

施工阶段总结

要建设百万资产金字塔，你必须投入自己的主动性，至少是确定你自己的心愿、目标，并且根据个人的情况和心愿制定相应的计划。

另一方面，你不应该低估你正在着手进行的任务。投资是一项变数很多的工作，有许多不同的建筑用砖、许多从事相关工作的员工、许多客户、许多供应商、许多假专家，有时候甚至还有疯狂的市场。

在资产金字塔的施工阶段，当涉及盈利或亏损时，你也会受到情绪上的挑战。

如果能确定金字塔的底层是固若金汤的，将会对你很有帮助。比如当一个模块被取消之后，就会有另一个模块被填补进来；比如每个模块中的各个建筑用砖都井井有条；又比如有作为救命稻草的黄金或白银存在。

你是可以从资产金字塔中间层与市场发展趋势相关的投资项目中撤回的，比如（2017年的时候）股市发展到了一个较高的水平，而利息也显示出了触底反弹的趋势。

在高位卖出后，你就可以用这些资金重新从底层开始建设资产金字塔了。请根据平均成本法，在之后的几年中分次投入相同的金额进行投资。

第八章

维修及改造的 20 个忠告

确定创造百万财富的发展方向,这很好。

定期检查施工的进度,这更好。

必要的改造和扩建以及维护和修理始终都是必不可少的。

在百万财富的施工过程中,随着时间的推移做出各种调整是必需的。针对这一点,你最好在一开始就做好心理准备。这是为什么呢?

你的收入会随着时间的推移增加。当然,如果你换了工作的话,也有可能减少。

你的支出也会发生变化。比如,子女搬出去独立成家了,买卖房子了,生了一场病让预算变得紧张了,等等。

你的投资也会发生变化,无论是在股票市场还是在房地产市场,都有可能产生意想不到的收益或损失。

同时,你对安全性的需求也会随着年龄的增长而增加。在投资市场经历的跌宕起伏激起了更多对安全的渴望。

让我们先来做一个小测试:

你对此是否感到满意？

	是	不是
你的整体战略……………………………………………………	☐	☐
你的投资结果……………………………………………………	☐	☐
你的资产管理员…………………………………………………	☐	☐
你的投资顾问……………………………………………………	☐	☐

你的回答应该始终是肯定的。如果不是，则表示你对某方面的问题感到不满，那就意味着：你必须进行改变或者做出更换。

很多时候要做到这一点并不容易，这我们都清楚，但是这确实是可以做到的。毕竟，你肯定不希望在成为百万富翁的路上还要生一肚子气。

评估你的收入

你的收入情况未来会向哪个方向发展，对于你的长期计划来说非常重要。

这不仅会影响到你的生活方式，而且有可能会影响到你的投资策略：收入减少，则倾向于更稳妥的投资方式；收入增加，则倾向于承受更高的风险，追求更高的回报。

收入减少？千万不要尝试用更激进的投资来弥补这一点。在这种情况下，你最不需要做的事就是增加风险。

你未来的收入会增加还是会减少？

	什么时候？	多少钱？
劳动收入：		
增加………………………………………		
减少………………………………………		
资产收益：		
增加………………………………………		
减少………………………………………		
其他来源收入：		
增加………………………………………		
减少………………………………………		
保险到期或返款…………………………		
房屋出售…………………………………		
获得遗产…………………………………		
获赠礼品…………………………………		
如今的总收入……………………………		
年后的预计收入…………………………		

第八章　维修及改造的 20 个忠告

在资产金字塔的底层，不管收入是增加还是减少，都不会引起什么变化。变化的只是你储蓄的部分，你达成目标的时间会变得长一点还是短一点。

在最多占比 30% 的资产金字塔中间层，也是一样的。除非你自己决定，为了更加稳妥起见，在收入减少时不再对金字塔中间层进行投资。所有新存下的资金都将被投入到资产金字塔的底层中去。

评估你的支出

你的支出比你的收入对投资计划的影响更大。

有一部分开支是所谓的固定支出，在你的预算中占有固定的一席之地。固定支出通常只有在收入增加时才会改变：比如搬入更宽敞的公寓，享受度假别墅，进行更多的旅行，购买新车，等等。

只有当收入下降，以至于没有其他选择时，固定支出才会降低。

即使是高收入的经理也会感叹：为什么即使我赚的钱越来越多，也还是只能刚刚够花？

如果你能坚持20年每年多节省5%或10%，请你自己算一下，这样的话达到百万元财富目标能快出多少。

每年都记录一次花费

多少钱？

固定支出：

- 缴税……………………………………………………… ☐
- 房租……………………………………………………… ☐
- 其他保险………………………………………………… ☐
- 医疗保险………………………………………………… ☐
- 偿还房贷………………………………………………… ☐
- 贷款利息………………………………………………… ☐
- 偿还车贷………………………………………………… ☐
- 生活费用及家电家具费用……………………………… ☐
- 储蓄金额………………………………………………… ☐
- 总计……………………………………………………… ☐

非固定支出：

- 汽车、船………………………………………………… ☐
- 赞助……………………………………………………… ☐
- 特殊情况………………………………………………… ☐
- 储蓄金额………………………………………………… ☐
- 爱好、运动……………………………………………… ☐
- 业余时间、假期………………………………………… ☐
- 周年纪念日、生日……………………………………… ☐
- 总计……………………………………………………… ☐

与固定支出相比，非固定支出可以根据你收入的变化情况进行相应调整。不过在非固定支出方面，也是增加支出比减少支出容易。

每个人对自己的固定支出和非固定支出都有自己的理解。比如对于旅行狂人来说，假期旅行的开销属于固定成本。

因此，基本上可以这么说，你认为哪项开销无论在任何情况下都是必不可少的，那这项开销就是固定支出。

支出中还包括需要为之储蓄相当长一段时间的重大计划支出：

多少钱？

什么时候用？

为了什么而支出？

很明显，如果你想更快成为百万富翁，或是创造出更多的财富，那么固定支出和非固定支出都必须保持较低的水平，或是需要降低。

让我们记住复利的力量：如果你少花5%，多赚5%，就等于是狠狠地踩了一脚油门。

在金字塔底部可以比较悠闲，在中间层则需要快速做出反应。
"我有多富有？"每年定期进行自我检查。
规避风险，保证家庭的安全。

评估你的投资

价格波动就是市场的一部分。学会接受它，适应它，和它一起生活。

如果你定期问自己"我有多富有"，进行对资产金字塔的检查，金字塔的价值应该会随着年份的增长而增加，但是有时会伴随着波动。

你必须对此做出反应吗？不用，至少金字塔的底层不需要。当金融资产取得收益时，有形资产往往下跌。反之亦然。

对于金字塔底层的投资项目，做出应对市场变化的操作重新调整比重是充满了风险的行为，并且会花费手续费。底座就是底座。

平均成本法几乎可以自动抵消资产金字塔施工过程中遇到的市场波动。只是因为达成目标需要的时间的关系，你可能需要倒戈到波动较弱的金融资产这一边。

相反地，资产金字塔中间层的这30%资产所在的市场常常会比较剧烈地波动。

针对中间层的投资项目，你或者你的投资经理必须对市场的起起伏伏和发展趋势做出反应。于是就产生了这个问题：不同建筑砖块的比重是否需要被调整，或者甚至是否必须被其他砖块替换。

因此，在市场陷入恐慌的极端情况下，甚至需要每天都注意金字塔中间层的投资项目，并且进行相应的操作。

如果你的金字塔从一开始就组织得当，那么即使是满城风雨的时候，它也能生存下来。

（通过保险）确保你（数）百万资产的安全

你希望你的家庭没有经济上的后顾之忧。你希望即使遭遇意外，尤其是无法治愈的疾病，也能获得保障。你希望规避商业上的风险。

保险行业为各种不同的风险提供了广泛的选择和保险组合。

当然，每一项保险都有其代价，它们需要花费保险金，而且会减缓你的储蓄进程。作为一种补偿方式，你可以在以后通过增加免赔额来降低保费，因为你可以负担得起某些可能发生的风险，而这要归功于你的进阶后的百万元资产金字塔的安全性。

不过，你的百万财富的安全必须由你自己来保障。没有哪项保险能帮你分担这项任务。

这些百万富翁工程面临的最大风险其实就是你们自己。经验表明，投资者有时会在某个具体投资项目上和日常决策中陷入混乱，以至于将整个资产金字塔的增长计划抛诸脑后。这是一定要避免的。

每个资产大厦必须进行维护和翻新。

如果需要进行全面重建或者扩张，现在永远是最好的时机。

忠告一：存钱开始得太晚？存的太少？

一个简单但却令人印象深刻的例子将会告诉你，如果你很晚才开始存钱，那么你就必须多存很多钱。

储蓄者甲很早就开始存钱了。他每个月都攒下 1 000 元，用于涡轮发动机投资计划，坚持了 10 年。也就是说，一共存下了 12 万元（可能还会有为了保持 8% 的收益率所必需的额外投入）。之后的 20 年，他不再存钱了。之前的储蓄通过收益率为 8% 的涡轮发动机计划继续到了 87.5 万元。

获得涡轮发动机计划中 8% 的收益率主要是通过定期买入股票（也就是通过平均成本法买入），必要时每年会为维持 8% 的收益率进行额外的投入。

储蓄者乙比储蓄者甲晚了 10 年才开始存钱，他花了 20 年时间，每个月存下 1 000 元人民币，总计 24 万元人民币（不含为了保持 8% 的收益率所必需的额外投入）。30 年后，他将拥有 59.3 万元人民币。也就是说，虽然他比储蓄者甲多存了一倍的钱，但创造出的财富还不及甲。

如果你开始得比较晚，你就必须花多很多的钱才能达到同样的目标。

还有非常重要的一点就是：要将这笔钱存入一个单独的账户并进行投资。

忠告二：我应该如何尽可能多地攒钱？

储蓄就是收入和支出的差额。如果收入增加，支出减少，也就是"开源节流"，那么就可以说是攒下了两倍的钱。

那么，如何开源节流呢？例如，如果每月可以节省 1 000 元人民币，并在每年年底以 8% 的收益率进行投资，那么 20 年之后你将拥有 59.3 万元人民币，30 年后这笔财富将达到 14.68 亿人民币。

怎么增加收入以攒下更多钱呢？换一份更好的工作；向老板要求更高的薪水；或者找一份晚上或清晨的兼职工作。

怎么节省开支呢？让我们从花费较高的消费项目开始：选择合租，而不是买自己的公寓，或者搬到一个较小的公寓居住。住在离工作单位比较近的地方，以节省交通成本（同时还能节省出时间用于兼职）。

总的来说，就是租赁代替购买，比如汽车。或者也可以购买小排量的、更加便宜的汽车，摩托车也可以。

请一名中立的专家定期检查你的保险条款并且进行优化。较高的免赔额可以降低保险金（医疗保险，汽车保险，家庭财务或盗窃）。

购买二手的或者非常便宜的商品，如机动车、家具、衣服和电子产品。

如果要使用智能手机，请选择最便宜的话费套装，例如预付费卡。

使用现金支付，而不用信用卡支付。信用卡甚至可以干脆冻在冰箱冷冻室的一块大冰疙瘩里。

定期清理住处，将可以转卖出去的东西放在网上售出。

不买奢侈品牌的东西，如果想买某种昂贵的产品，就找一种更便宜的替代品，或者等到打折促销的时候再买。

节约电费：空调、熨斗、衣物烘干机、电磁炉和烧水壶都是会产生高额电费的用电器。

用更多的想象力和更少的钱来准备礼物。

你看，你可以节省下很多的钱，而不被朋友们认为是吝啬鬼。

宁愿选择一个恐怖的结局，也不选择无休止的恐怖。
那些我今天不会（再）买入的项目，都应该被卖出。
投资房地产而不是债券。

忠告三：我怎么样才能不"痛苦"地卖出？

很快，你就买入了股票、交易所交易基金等。几天之后，你的资产金字塔就建立起来了。然而，卖出是一件与此不同的更加困难的事。

比如，那些做不到（也不想做到）亏本卖出的人，最终手里会积攒下一堆乱七八糟、毫无价值的大杂烩，就像是一元店里的旧货一样。

在评估你手上的投资项目时，你应该经常询问自己这个至关重要的问题：我今天会买入这个项目吗？如果答案显然是肯定的，那么一切都没有问题。如果答案是否定的，我今天不会（再）买入这个项目，那这就相当于是一个卖出的命令。

分手总是痛苦的。人们总是能找出来各种各样的理由选择不在现在卖出。比如你有可能会错过一笔收益，你现在正在盈利，你想要先弥补先前的亏损，你想等到能获得10%的收益的时候再卖出，股票现在非常便宜，不可能再跌了（但是，它能）。

"宁愿选择一个恐怖的结局，也不选择无休止的恐怖。"这是一条古老的德语格言。即使只是针对你资产金字塔中的某一块具体的砖块。卖出后，你就可以继续按照之前制定好的策略自由地进行投资了。

卖出后，你也就有了空闲的资金，可以用于新的更好的投资。在理想情况下，你可以在将来用这些资金更快地弥补之前卖出带来的损失，并在未来取得更好的表现。

提防那些认为不必要卖出的借口。充满希望的原则和自我保护的论据在这种情况下是不能给你很好的建议的。

如果一项投资的发展与预期情况不同，那么买入的理由就是不正确的，或者是情况发生了改变。这个时候，明智的选择就是坚定不移地采取行动，而且这真的不是一件丢脸的事。

忠告四：是选择房地产交易所交易基金，还是选择债券交易所交易基金？

作为持续 20~30 年的长期投资，两者获得的收益是差不多高的。因此两者同样适用于金字塔的底层。

同样，随着利率的下降，这两者的价格都会上涨；而利率上涨时，这两者的价格则双双下跌。所以，即使是在长期的利率周期中，它们也是相互平行的。

一般来说，在利率最高的时候全额投入，等利率走低的时候再全部卖出，这样不管是房地产交易所交易基金还是债券交易所交易基金都能获利最多。

当通货膨胀率长期高于过去多年的平均水平时，房地产交易所交易基金背后包含的有形资产属性才会变得明显，房地产行业的普遍价格上涨才会被体现出来。

在这样的阶段中，房地产交易所交易基金的表现会更好。不过，在相反的情况下它们也会逊色更多。为了从这个趋势中获得利润，建议将金字塔底层中的房地产交易所交易基金部分卖出，而金字塔中间层的则全部卖出。

身上背有债务？尽可能快地全部还清！
去寻找市场上最低的贷款利率，或者是向朋友借钱。

忠告五：如何偿还债务？

由于（高昂的）贷款利息，债务简直可以说是通往百万财富路上的一脚刹车。迅速偿还债务是最理想的（例外情况：贷款利息明显低于这笔钱所带来的收入）。

下面的这个措施与忠告二中提到过的储蓄理念如出一辙：为你的债务寻找尽可能低的利率。

要货比三家，要不断地在多家银行和保险公司中寻找最低的贷款利率。

私下借钱或者贷款：朋友或者熟人可能会愿意以更低的利率借钱给你，比如按照债券的利率或者按照和房地产投资的回报相当的利率。

要在贷款协议中规定允许提前还款：这将给你提供更便宜、更灵活的还款机会，而且还不会被收取额外的费用。

借助抵押品可以获得更低的利率：存放贵重物品、保险单或证券作为抵押品，以便获得更低的贷款利率。

请注意贷款的总成本：在大多数情况下，贷款佣金还会以贷款金额的千分比或者百分比的形式记入借方。

还债真的更便宜了吗？为了安全起见，做成本计算时请不要忽略任何一个细枝末节。

如果只是部分还款：即使只能偿还一部分的贷款，也要选择更便宜的可能性。这样你也能更快还清债务。

从一开始就尽量少贷款：当债权人慷慨地提出四舍五入将借贷金额凑成一个更大的整数时，试着颠倒过来，四舍五入把金额凑成一个更小的整数。通过贷款获得暂时用不到的资金，这个乐趣太昂贵了。

为你还款的速度设置一个期限：越快还清债务，你就能越早地重新开始建造财富基尼主题。

忠告六：贷款给你的雇主？

贷款给你的雇主并不是一个好主意。如果他在最坏的情况下宣告破产，你将不得不接受双倍的损失，即你借出去的钱和你的工作。

如果你购买了你就职公司的股票，那就也会承担类似的双重风险，甚至还有可能你就职公司的养老金账户并没有外包给一个合法的独立的基金会。这样的话，你就面临着三重的风险。

为了你资产金字塔的稳固程度起见，金字塔中的金融资产最好分摊给数个不同的债务人（和银行）。这里指的主要是证券交易所交易基金或者房地产交易所交易基金，而不是指放给你雇主的贷款。

如果你贷款给你的雇主，或者是买入了雇主的股票，那么你整体的财务预算就会波动得更加剧烈。在业务发展较好的时候，你的年薪、贷款的利息和股票的价值都在上涨；而在艰难的时候，这一切又都会使你陷入尴尬的境地。

如果你仍然非常认同你的雇主，那么你最好选择买入雇主的股票。作为股东，在业务发展良好的时候——这也要归功于你的辛勤工作——你可以从提高的分红和股价中受益。然而贷款利息是固定的，不会上涨。而且在紧急情况下，抛售股票要比要求债务人提前还清贷款更加容易。

一名企业家应该如何确定自己的继承人，这在世界范围内都是一个重要的法律话题。

和家人签订合同，规定继承人和保险的受益人，就是一个公平的解决方案。

忠告七：将公司托付下去

每个大老板迟早都要把自己的企业交到下一代的手里。或者如果遇到糟糕的情况，他遭遇了什么不幸的事，那么一个来自家庭中的副手或是继承人就必须接过领导公司的任务。

为此，一名企业家首先应该自己心里清楚，谁（或是哪个团队）应该继他之后掌舵。这个人应该被介绍给大家，并且通过书面授权确定其将来领导公司的权力。

其次，企业家必须规范公司的所有权。例如，如果该公司是一家上市公司，该企业家拥有多数股份，那么他的家人就成了大股东。

如果该企业家的唯一继承人是他的妻子、儿子或是女儿，则由该唯一继承人通过继承契约来接管公司的股份。其他没有继承公司股份的家庭成员则可以获得剩余的资产。

如果没有足够的资产在家庭中进行公平分配，则股份必须相应地被分配。不过，如果某一个家庭成员希望获得现金，则新任老板或其他家庭成员将获得股份的优先购买权。

人寿保险可以帮助规避企业家意外死亡的风险。在人寿保险合同中，企业家可以将那些没有继承公司股份的家庭成员设为保险受益人。

如果公司将来要交给家庭成员以外的人，一笔人寿保险也还是很值得的。这时就会有两种可能性：第一种是和刚刚提到过的一样，企业家会设置一种有利于家人的政策。第二种可能性是未来的老板或者继任人通过付出一笔钱，使自己可以从企业家的死亡情况中受益，以便他能够获得一笔钱支付给其他家庭成员。

对于"普通的"从企业家到继承人的所有权转移来说，继承人申请银行贷款，或者是从家庭成员那里得到临时贷款，又或者是这两者的结合，都是可以考虑的。继承人会通过公司的利润来偿还从家庭成员那里得到的贷款。

利率下降会导致债券价格飞涨。

下降的利率加上上涨的利润会给股票插上翅膀。

忠告八：为你的资产金字塔抓住良好趋势的机遇

市场的波动——不论是股票、利率还是货币，都不应该对你金字塔底层的长期发展有任何影响。不过，在极端的情况下，金字塔底层中的重要基石还是可以被轻轻移动的。

金字塔较为灵活的中间层则与此不同。在这一层中，你投入了最多30%的资产，就是为了有意地从市场的波动和良好的趋势中获利。这件事做起来可不容易，即使是对专业的投资经理人来说也是如此。

这与利率的发展周期有关，包括长期债券的市场利率（这也是一面反映对通货膨胀率预期的镜子）和短期利率，即中央银行的政策。这些都取决于通货膨胀，以及经济发展周期的起起伏伏。

要实现这个目标，你可以根据不同的情况积极地投资当时最好的项目。或者你也可以只在货币市场投资、债券、股票、黄金白银以及房地产之间轻微地转移重心。

一会儿是经济复苏，然后又是经济衰退；一会儿是牛市，一会儿又是熊市；一会儿是七年大丰收，一会儿又是七年大饥荒。就像气候和天气一样，经济发展也是在漫长的周期中反复变化。

在周期性的变化中，根据季节的不同，会有短期的（反）趋势、波动和偏差。一个很好记的例子是：在冬半年（11月至4月）股市平均会比在夏半年（5月至10月）上涨得更猛。这种（西方）模式现在也越来越适用于中国股市。

在多年周期的起伏中，在为期一年的或者是季节性的发展趋势中，在其他的各种偏差中，可以获取到利益。但这也面临着巨大的崩溃风险。

当你将你 30% 的资产置于这种周期性的风险之下时，你应该清楚这一点。

忠告九：利息的涅槃

当债券的利息从高位开始下滑时，市场会认为通货膨胀率开始下降。

这就是债券强劲收益阶段的开始，直到利率按照周期性发展重回最低点之前，还会有相当长的一段时间。

假如与此同时，央行调低了短期利率——这意味着他们现在认为通货膨胀率肯定不会再继续上升——并同时刺激了经济发展，那么投资股票的梦幻时机也就到来了。

当出现以下两种情况时，也是股票投资绝对的利好消息。第一，短期货币市场投资利率下跌并低于长期债券利率（也就是所谓"正常"收益率曲线）。第二，当仍有对盈利的声明和期望反复出现时，也是买入股票的完美时机。

这时，金字塔中间层的投资策略应该是长期债券和股票占绝大部分比例。

而在金字塔底层的投资策略则是将投资重心转移到债券和股票上，新投入的资金也用于股票投资。

经济复兴

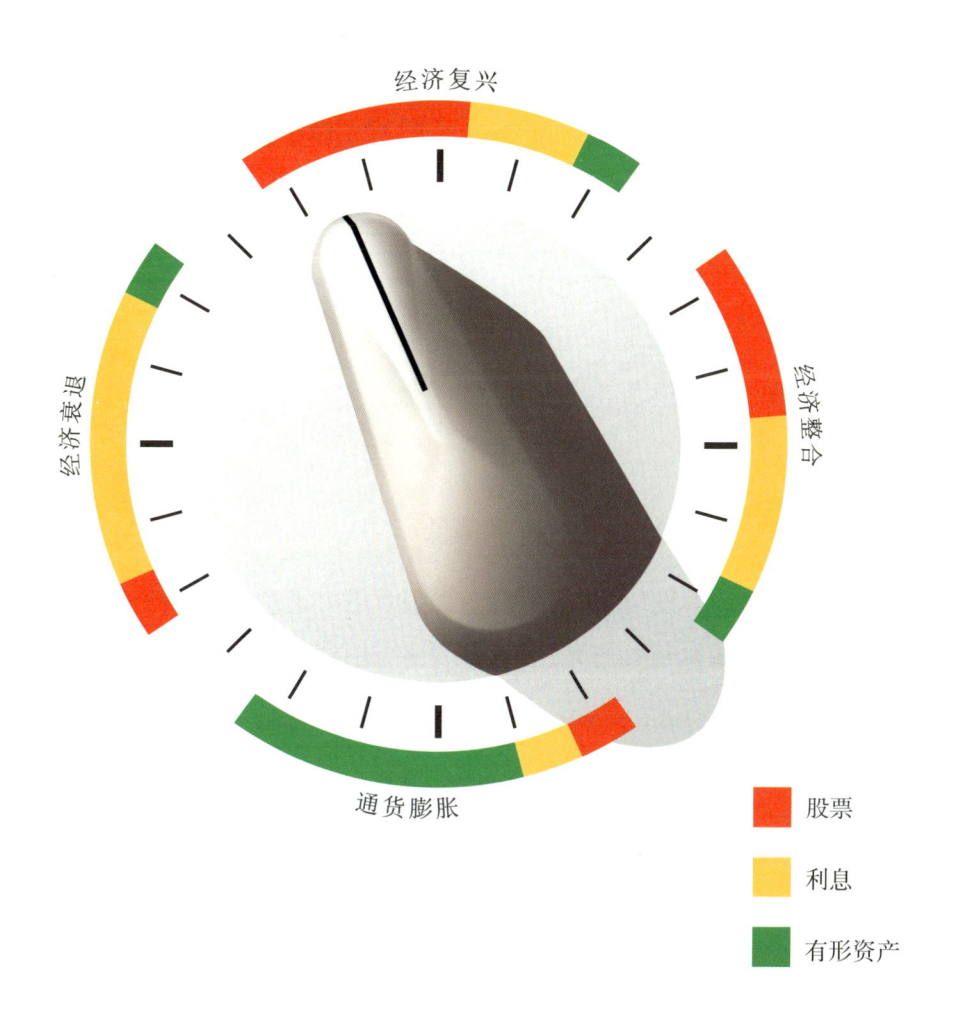

经济衰退

经济繁荣

通货膨胀

■ 股票

■ 利息

■ 有形资产

按照经济发展周期拧动螺栓

简单来说,就是经济复苏和整合时期投资股票;通货膨胀时期投资黄金;经济衰退和利率下调时期投资短期投资项目;当利率达到顶点并开始下降时投资长期债券。

这几点主要适用于和经济发展周期息息相关的金字塔中间层。不过即使是在十分稳定的金字塔底层,投资重心也可以按照经济周期轻微调整。

第八章 维修及改造的 20 个忠告

繁荣很快就会受到压力的威胁。如果中央银行将短期利率调到了高于长期利率的水平，就宣告了股票市场中牛市的结束。如果利率上涨到明显高于通货膨胀率的水平，就宣告了黄金市场中牛市的结束。

忠告十：经济增长乏力，利率偏低

这种情况适合股票投资。由于关于经济发展的好消息，或者可能由于央行加息，股市偶尔会猛地向上一跃。这是怀疑者的时代，从历史上来看，这对股市是积极的。

金字塔中间层的投资策略是将长期债券换为期限较短的债券，提高股票所占的比例。

金字塔底层的投资策略是将新投入的资金用于股票投资。

忠告十一：滞胀时期——经济增长乏力，利率和通货膨胀率回升

这意味着实际增长接近于零。工资的增长由于物价的增长而蒸发。

扣除通货膨胀率和税收后的实际利息收入很低，可能为零甚至为负。

在这种情况下，经济发展面临着停滞甚至是陷入衰退的威胁。中央银行将置身于抑制通货膨胀和刺激经济之间的经典困境中。

金字塔中间层的投资策略：提高股票、黄金或白银、商品和房地产的比重。金融资产只保留现金和短期债券。

金字塔底层的投资策略：将新投入的资金用于股票、黄金或白银以及房地产投资。

忠告十二：经济蓬勃发展，短期利率和通货膨胀率上升

在经济繁荣时期，几乎只能听到好消息，坏消息都被藏在桌子下面。整体的情绪是非常积极的。

最新的统计数据一次又一次地证实，经济发展形势依然非常良好。公司雇员或者整个团队是通过高昂的薪水招募来的。

然而，没有永远的繁荣。繁荣结束的早期信号是利率上升，企业的订单也减少了，利润率正在缩水，缩短工时的现象到处都是。赞助商越来越难找到。公司收购的情况普遍发生。

经济繁荣时期，股票市场将会更加频繁地冷热不均。在极端情况下，甚至还有可能崩溃。原因在于没有人能确定，中央银行是否以及何时会提高利率以遏制经济繁荣带来的通货膨胀的后果。作为对央行政策调整的响应，金融部门或各个公司随时都可能遭受压力。

当短期利率上涨到接近长期债券利率，或是"反过来"超过了长期债券利率时，股市就失去了吸引力，情况就很危急了。当实际利率（即货币市场投资利率和/或债券利率减去通货膨胀率）明显为正值（以美元为计算单位，超过1%）时，黄金和白银也会失去吸引力。

如果通货膨胀率超过了利率，中央银行的行动就太迟了（或是根本没有采取行动）。繁荣可能会转变成滞胀或高通货膨胀。

金字塔中间层的投资策略：减持股票，并投资黄金或白银、商品以及一流的以现金和短期债券形式存在的金融资产。

金字塔底层的投资策略：保持新投入资金的流动性。

股市崩盘和恶性通货膨胀都是历史上出现过的极端事件。
在股市崩盘的情况下，现金很受欢迎；在恶性通货膨胀中，现金如同废纸。

忠告十三：股市崩盘

如果股市在一天之内下跌 10% 以上，就可以称作崩盘。

崩盘会在这样的（处于超买状态的）市场中出现：每个人都投资，每个人都眼巴巴地等着以更高的价格卖出。典型的征兆：即使是对股市和股票投资完全不了解的外行，比如女佣，也突然开始想投资股票了。

在这种市场形势下，相对较少的投资者或者是炒股电脑程序会选择卖出他们手上持有的股票，市场上也没有买家，或者是买家太少了。于是，突如其来的下跌就开始了。在几个小时或几天之内，就可以让数月甚至数年来获得的利润付诸东流。

当利率上调时，股市就面临着崩盘的风险。或者是在由大量的信贷和债务撑起的经济繁荣时期，央行通过加息和减少货币供应量来抵御通货膨胀带来的风险时，也有可能导致股市崩盘。

这种崩盘的原因是银行和金融机构带有侵略性的操作导致它们自己丧失了流动性。它们在金融界引发了"能自救就自救"的连锁反应，并迅速在公众中传播开来。

另一种类型的股市崩盘是闪电崩盘。就好像是在晴朗的天空中划过一道闪电，然后几分钟之后一切又归于宁静一样。导致闪电崩盘的原因是失控的电脑或软件程序。

金字塔中间层的投资策略：由于在经济繁荣时期总是存在股市崩盘的风

险，因此此时就应该开始减持股票，并投资黄金或白银、商品以及一流的以现金和短期债券形式存在的金融资产。

金字塔底层的投资策略：保持新投入资金的流动性。

忠告十四：高通货膨胀——恶性通货膨胀

在经济繁荣时期，通货膨胀率上涨的速度会超过经济发展或利率增长的速度。正在储蓄的群体和所持有资产主要为金融资产，并且主要依靠养老金度日的退休人员可能会有陷入贫穷的风险。

每月通货膨胀率超过 10% 的恶性通货膨胀通常会甚至可能大大加速，直到政府和中央银行的对策最终生效。你必须得摆脱现金，因为现金只需要一天时间就会贬值很多。你需要的是可移动的有形资产和交换价值。

20 世纪 20 年代，德国曾经发生过恶性通货膨胀事件。这之后，南美各国也有恶性通货膨胀发生。只有黄金、白银以及在国外以硬通货的形式投资的股票和债券可以提供金融保护。在恶性通货膨胀时期的德国，即使是一栋高收益率的房子，也只能换回一点点黄金。

金字塔中间层的投资策略：将股票投资转向没有通货膨胀问题并且拥有坚挺的货币的国家。大大提高黄金或白银所占的比例。卖出房地产相关的投资。将持有的金融资产几乎全部卖出。

金字塔底层的投资策略：提高黄金或白银以及股票交易所交易基金的比重。其中股票交易所交易基金只在通货膨胀率不高的国外投资。把金融资产的金额降到最低。尽可能卖出持有的房地产，或者尽最大可能将房地产进行抵押。新投入的资金马上换成黄金或白银。

"软着陆"是一个不稳定的平衡，它是在敦促你需要保持谨慎。经济衰退总是意味着"软着陆"失败。

忠告十五：经济疲软，"软着陆"

如果经济增长开始放缓时，就会有这么一个问题：下一步会是经济衰退吗？或者这只是一个波动，是喘一口气，是一个"软着陆"。

在这种情况下，政府和中央银行有可能会过早通过调整现金流动性和降息来遏制这种势头，并加速通货膨胀。对此，你需要采取谨慎的措施。

金字塔中间层的投资策略：及早大幅减持或完全出清股票，转而投资一流的金融资产（货币市场投资、短期债券）。为了安全起见，保留一小部分的黄金或白银。

金字塔底层的投资策略：将新投入的资金用于一流的短期金融资产投资。

忠告十六：经济衰退

经济衰退被定义为两个季度以上的经济负增长。此前经济繁荣的时间越长，经济衰退的时间一般也就越长。

经济衰退的严峻事实是，公司宣布利润下降，报告并预期亏损，解雇员工，减少分红。这种坏消息越来越多。

此时，央行已经别无选择，只能降低短期利率。"软着陆"显然已经失败。

如何尽早看出经济衰退的到来呢？怀疑以及强颜欢笑的声音总是在舆论中盛行："每一次经济复苏都需要偶尔喘口气""订单只是季节性地减少""央行

调低利率会重新刺激经济增长""这只是一个技术统计的问题""这是一次'软着陆'"等等。

在经济衰退中，股票的风险很高。其实从"软着陆"开始，就应该只持有少量或者完全不再持有股票了。

债券的风险也增加了。高负债企业正处于金融危机之中，甚至可能会宣告破产。

金字塔中间层的投资策略：不再持有股票，只投资一流的金融资产（货币市场投资、债券）。为了安全起见，保留一小部分的黄金或白银。

金字塔底层的投资策略：将新投入的资金用于一流的金融资产投资。

忠告十七：经济衰退——最黑暗的时刻

在经济发展的这个阶段，人们几乎是徒劳地寻找好消息，然而他们能找到的只有漆黑一片的坏消息。

中央银行的工作人员抱怨说，即使是调至最低利率也无济于事，"马儿有充足的水，但它却不想喝"。一筹莫展和一种世界末日般的情绪充斥着各处。

在经济繁荣时期，股市被吹上了天；而在经济衰退中则相反，会被贬得一无是处。在经济衰退时期，我们就处在股市发展周期的谷底。股市作为晴雨表和市场期望的反映，将先于经济发展情况开始回升。

股市的转折点总是出现在经济衰退的后半段。但是知道这一点也并没有什么帮助，因为经济衰退的时长只有在事后才能看清楚。这种情况下，只能依靠直觉。当经济衰退已经持续了相当长的时间，而股市又正在显著下跌，就买入。

金字塔中间层的投资策略：马上开始寻找价格正在下跌的股票。对利率敏感的行业以及与消费者切身相关的行业复苏得最为迅速，比如食品行业和金融业。减少金融资产的持有，仅保留一流的和短期的项目。暂时不再持有黄金或白银。

金字塔底层的投资策略：新投入的资金用于股票投资。

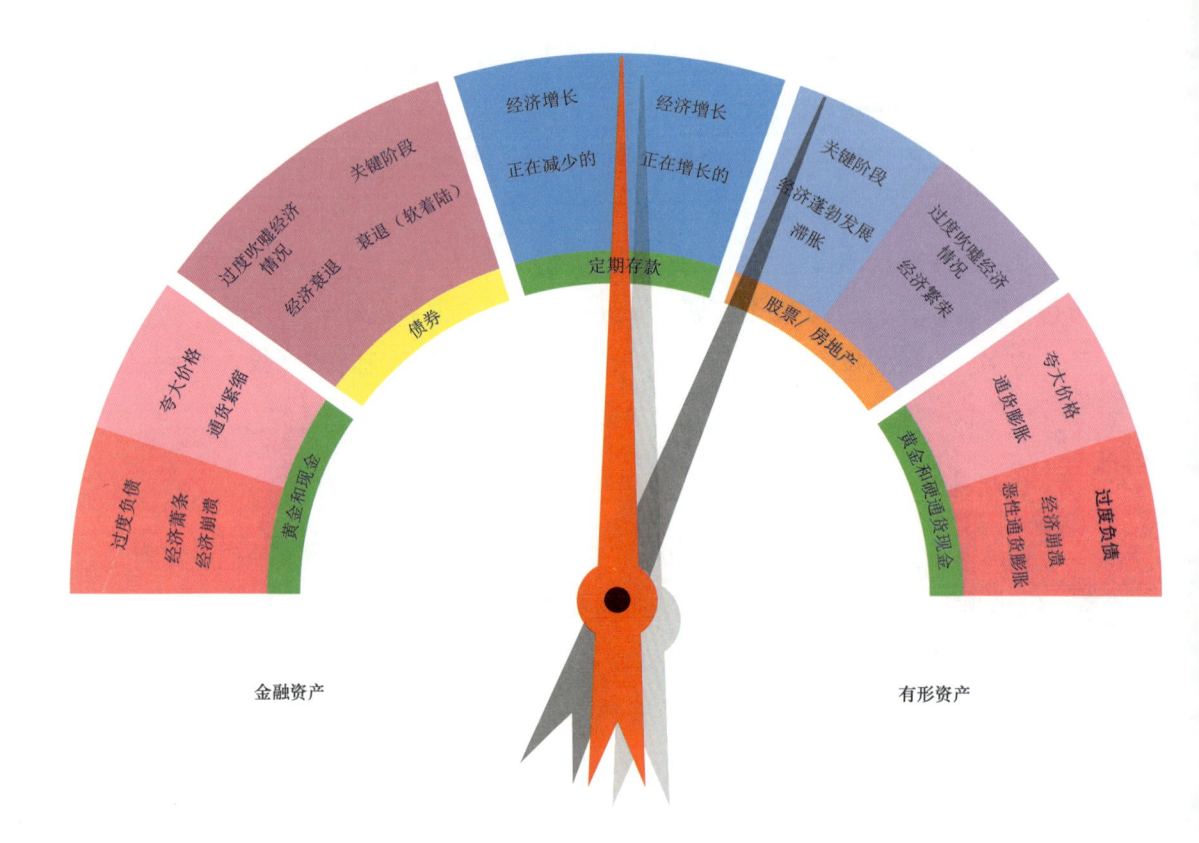

经济晴雨表可以显示最佳的投资项目

像股票这样的有形资产是经济增长时期的最佳投资项目。

像债券这样的金融资产在经济下滑时期更可取。

黄金是通货膨胀和经济萧条等极端情况下的硬通货。

根据晴雨表对（周期性变化的）投资项目进行投资。或者应该说是晴雨表倾向于哪些项目，就投资哪些项目。

在经济衰退时期，股票被过度贬低，伴随着重新开始的机会。在通货紧缩时期持有现金、黄金和白银的人，现在已经能够负担得起自己的很多心愿了。债务、经济衰退和通货紧缩——面临着经济萧条的危险。作为投资者，面对经济萧条时并非无能为力。

忠告十八：通货紧缩

在通货膨胀中，价格会上涨。在反通货膨胀中，价格也会上涨，只是增速放缓。而在通货紧缩时则相反，价格会下跌。明天买东西会比今天更便宜，只有食物可能是个例外。

当通货紧缩时，"现金就是国王"。作为买方，谁有钱（或黄金和白银），谁就能决定货物的价格。在通货紧缩的情况下，即使是一些非常昂贵的有形资产，比如宫殿和高价艺术品，也只能以低价进行交易。

总的来说，通货紧缩就是现金和资本的短缺。同时，经济发展面临着下滑和陷入萧条的威胁。央行将利率降得极低，并且不得不束手无策地等待。

金字塔中间层的投资策略：不持有股票，只以硬通货的形式持有一流的金融资产（货币市场投资、债券）。黄金或白银承担金融资产的功能。

金字塔底层的投资策略：保持新投入资金的流动性，或者用于一流债券的投资。

忠告十九：经济萧条

如果国家处于高负债状态甚至过度负债，并且经济陷入衰退，出现通货紧缩，那么经济大萧条的危险就会大大增加。

在经济大萧条时期，经济衰退和通货紧缩带来的风险会共同起作用，形成恶性循环，可能会造成经济和市场体系的崩溃。

20世纪30年代发生在欧洲和美国的严重经济大萧条可谓众所周知。在2008年金融危机之后，也有许多迹象暗示了经济萧条的发生，但很有可能是由于中国的一个巨额投资计划而幸免于难了。

金字塔中间层的投资策略：只持有与金矿和银矿相关的股票，只持有硬通货形式的现金和一流的工业债券，持有金属形态的黄金或白银。

金字塔底层的投资策略：保持新投入资金的流动性。

最后想到了这么一个问题：如果突然天降一笔横财该怎么办？
人嘛，偶尔也可以做做美梦。

忠告二十：买彩票中了大奖！

首先，相当重要的一点是，在被突如其来的好消息"冲击"之后，要冷静下来，花足够的时间好好思考一下现在所处的新情况。

你可以立即实现那些花费较小的心愿。而较大的心愿和目标则最好等上几个月甚至一年，直到你为之制定出一个相应的策略。

你可以从很多可能性中选择以及组合：买房、收购公司、成为个体经营者、购买终身养老保险、扩建百万资产金字塔、为亲戚准备礼物、进行环球旅行等。

经验表明，在全球范围内，大多数买彩票中奖的百万富翁并不能清醒地处理突如其来的横财，并在几年之后就挥霍一空，重回原点。就和大部分在职业巅峰时期赚了一大笔钱的运动员情况类似。

因此，当拿到彩票中奖的奖金之后，不管它们有多诱惑，你都不应该直接去实现你那些花费高昂的心愿。而是应该把目光放长远，也就是首先考虑为你的晚年生活未雨绸缪。

保障晚年生活就意味着，比如，为 85 岁以后的生活积攒一笔养老金。此外，为 65—75 岁以及 75—85 岁的退休时光设置养老年金以及年金使用计划。

如果按照你今天制定的计划，需要 100 万人民币的养老基金，那么 20 年之后，你实际上需要的就应该是 200 万人民币。40 年之后就是 400 万。原因就是正常的通货膨胀。每 20 年，物价就会翻一番，或者说货币的购买力就会降低一半。

不过别担心，彩票大奖的奖金不会被养老金一口吞没。假设你今天"只"投资 18.5 万元人民币在股市，并且平均每年获得 8% 的利息或增长，那么 40 年之后，这笔钱就会增长到 400 万元。

这个例子告诉我们，应该如何细分我们的心愿和目标，以及如何将"世界奇迹"复利为我所用。

根据不同的目标，你需要确定资产金字塔中的哪些部分你可以或者希望"自己动手做"。或者你也可以针对某一部分，自己管理一半，委托给资产管理人一半。

在你想要委托出去的项目中，你可以在两个不相关的专业人士中设置一场竞赛。

两三年后，结果有可能是，其中一位专业人士总能取得更好的结果。那么在这个"试用期"之后，你就可以将整个项目全部交给这位胜出者打理。

不过，不要向你雇佣的专业人士提起你设置的"竞赛"或者"试用期"。经验表明，为了得到另一半项目，他们会大受刺激，而你的钱也会因此承担更大的风险。

关于买彩票中大奖没有单一的建议。一切都取决于你中奖时的年龄以及奖金的金额。但是可以确定的是，你一定要投入你所有的时间来制定计划，确定出最佳的策略。

附录及专有名词解释

你的百万富翁计算

单位：元

	为了成为百万富翁，您每年都要节省这么多钱	如果每年平均收益为
20年后成为百万富翁	37 216	3%
	33 582	4%
	30 243	5%
	27 185	6%
	24 393	7%
	21 852	8%
	19 546	9%
	17 460	10%
	9 761	15%
	5 357	20%
30年后成为百万富翁	21 019	3%
	17 830	4%
	15 051	5%
	12 649	6%
	10 586	7%
	37 216	8%
	7 336	9%
	6 079	10%
40年后成为百万富翁	13 262	3%
	10 523	4%
	8 278	5%
	6 462	6%
	5 009	7%
	3 860	8%
	2 960	9%
	2 259	10%
50年后成为百万富翁	8 865	3%
	6 550	4%
	4 777	5%
	3 444	6%
	2 460	7%
	1 743	8%
	1 227	9%
	859	10%

你的财富随着利率和复利在增长

（每年存款100元）

单位：元

年\每年利息	3%	4%	5%	6%	7%	8%	9%	10%	11%	12%
0	100	100	100	100	100	100	100	100	100	100
1	103	104	105	106	107	108	109	110	111	112
2	209	212	215	218	221	225	228	231	234	237
3	318	325	331	337	344	351	357	364	371	378
4	431	442	453	464	475	487	498	511	523	535
5	547	563	580	598	615	634	652	672	691	712
6	666	690	714	739	765	792	820	849	878	909
7	789	821	855	890	926	964	1 003	1 044	1 086	1 130
8	916	958	1 003	1 049	1 098	1 149	1 202	1 258	1 316	1 378
9	1 046	1 101	1 158	1 218	1 282	1 349	1 419	1 494	1 572	1 655
10	1 181	1 249	1 321	1 397	1 478	1 565	1 656	1 753	1 856	1 965
11	1 319	1 403	1 492	1 587	1 689	1 798	1 914	2 038	2 171	2 313
12	1 462	1 563	1 671	1 788	1 914	2 050	2 195	2 352	2 521	2 703
13	1 609	1 729	1 860	2 002	2 155	2 321	2 502	2 697	2 909	3 139
14	1 760	1 902	2 058	2 228	2 413	2 615	2 836	3 077	3 341	3 628
15	1 916	2 082	2 266	2 467	2 689	2 932	3 200	3 495	3 819	4 175
16	2 076	2 270	2 484	2 721	2 984	3 275	3 597	3 954	4 350	4 788
17	2 241	2 465	2 713	2 991	3 300	3 645	4 030	4 460	4 940	5 475
18	2 412	2 667	2 954	3 276	3 638	4 045	4 502	5 016	5 594	6 244
19	2 587	2 878	3 207	3 579	4 000	4 476	5 016	5 627	6 320	7 105
20	2 768	3 097	3 472	3 899	4 387	4 942	5 576	**6 300**	7 127	8 070
21	2 954	3 325	3 751	4 239	4 801	5 446	6 187	7 040	8 021	9 150
22	3 145	3 562	4 043	4 600	5 244	5 989	6 853	7 854	9 015	10 360
23	3 343	3 808	4 350	4 982	5 718	6 576	7 579	8 750	10 117	11 716
24	3 546	4 065	4 673	5 386	6 225	7 211	8 370	9 735	11 341	13 233
25	3 755	4 331	5 011	5 816	6 768	7 895	9 232	10 818	12 700	14 933
26	3 971	4 608	5 367	6 271	7 348	8 635	10 172	12 010	14 208	16 837
27	4 193	4 897	5 740	6 753	7 970	9 434	11 197	13 321	15 882	18 970
28	4 422	5 197	6 132	7 264	8 635	10 297	12 314	14 763	17 740	21 358
29	4 658	5 508	6 544	7 806	9 346	11 228	13 531	16 349	19 802	24 033
30	4 900	5 833	6 976	8 380	10 107	12 235	14 858	18 094	22 091	27 029
31	5 150	6 170	7 430	8 989	10 922	13 321	16 304	20 014	24 632	30 385
32	5 408	6 521	7 906	9 634	11 793	14 495	17 880	22 125	27 453	34 143
33	5 673	6 886	8 407	10 318	12 726	15 763	19 598	24 448	30 584	38 352
34	5 946	7 265	8 932	11 043	13 724	17 132	21 471	27 002	34 059	43 066
35	6 228	7 660	9 484	11 812	14 791	18 610	23 512	29 813	37 916	48 346
36	6 517	8 070	10 063	12 627	15 934	20 207	25 738	32 904	42 198	54 260
37	6 816	8 497	10 671	13 490	17 156	21 932	28 163	36 304	46 951	60 883
38	7 123	8 941	11 310	14 406	18 464	23 794	30 807	40 045	52 227	68 301
39	7 440	9 403	11 980	15 376	19 864	25 806	33 688	44 159	58 083	76 609
40	7 766	9 883	12 684	16 405	21 361	27 978	36 829	48 685	64 583	85 914

示例：如果你20年时间每年投入100元并增加10%的金额，你总共2 000元的存款将达到价值6 300元。

因此，你的财富随着利率和复利在增长

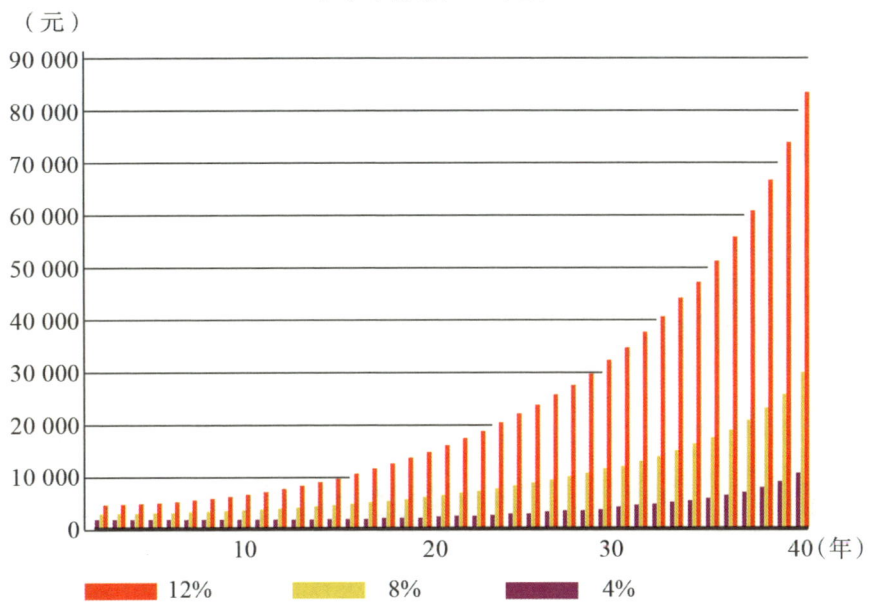

（每年存款 100 元）

（元）

| | 12% | | 8% | | 4% |

获得高回报的诀窍

根据上面的复利表格选择一个增长计划，例如 8% 的收益率。

除了正常计划中的 100 元以外，你每年需要额外添加一笔投资，以保持 8% 的收益率。也就是第一年投资 108 元，第二年投资 225 元，等等。

在这个涡轮发动机计划中，30 年后你可以获得 12 235 元，40 年后可以获得 27 978 元。

在收益率为 12% 的涡轮发动机计划中，30 年后你可以获得 27 029 元，40 年后可以获得 85 914 元。

自然，按照涡轮发动机计划储蓄或投资，随着时间的推移会需要越来越多的额外投入来保持计划的收益率。但是你的收入水平也会相应地提高，因此你的财务状况应该会相对保持稳定。

如果你每年希望投入涡轮发动机计划的资金多于 100 元，可以用相应的系数乘以表格中的数据。

比如，如果你想每年节省 450 元，那就是表格中数据的 4.5 倍。请用这个系数乘以你选定的涡轮发动机计划表格中的数据。

附录及专有名词解释　161

你的财富随着利率和复利在增长

(一次性投入100元)

单位：元

年利率 / 年	3%	4%	5%	6%	7%	8%	9%	10%	11%	12%
0	100	100	100	100	100	100	100	100	100	100
1	103	104	105	106	107	108	109	110	111	112
2	106	108	110	112	114	117	119	121	123	125
3	109	112	116	119	123	126	130	133	137	140
4	113	117	122	126	131	136	141	146	152	157
5	116	122	128	134	140	147	154	161	169	176
6	119	127	134	142	150	159	168	177	187	197
7	123	132	141	150	161	171	183	195	208	221
8	127	137	148	159	172	185	199	214	230	248
9	130	142	155	169	184	200	217	236	256	277
10	134	148	163	179	197	216	237	259	284	311
11	138	154	171	190	210	233	258	285	315	348
12	143	160	180	201	225	252	281	314	350	390
13	147	167	189	213	241	272	307	345	388	436
14	151	173	198	226	258	294	334	380	431	489
15	156	180	208	240	276	317	364	418	478	547
16	160	187	218	254	295	343	397	459	531	613
17	165	195	229	269	316	370	433	505	590	687
18	170	203	241	285	338	400	472	556	654	769
19	175	211	253	303	362	432	514	612	726	861
20	181	219	265	321	387	466	560	**673**	806	965
21	186	228	279	340	414	503	611	740	895	1 080
22	192	237	293	360	443	544	666	814	993	1 210
23	197	246	307	382	474	587	726	895	1 103	1 355
24	203	256	323	405	507	634	791	985	1 224	1 518
25	209	267	339	429	543	685	862	1 083	1 359	1 700
26	216	277	356	455	581	740	940	1 192	1 508	1 904
27	222	288	373	482	621	799	1 025	1 311	1 674	2 132
28	229	300	392	511	665	863	1 117	1 442	1 858	2 388
29	236	312	412	542	711	932	1 217	1 586	2 062	2 675
30	243	324	432	574	761	1 006	1 327	1 745	2 289	2 996
31	250	337	454	609	815	1 087	1 446	1 919	2 541	3 356
32	258	351	476	645	872	1 174	1 576	2 111	2 821	3 758
33	265	365	500	684	933	1 268	1 718	2 323	3 131	4 209
34	273	379	525	725	998	1 369	1 873	2 555	3 475	4 714
35	281	395	552	769	1 068	1 479	2 041	2 810	3 857	5 280
36	290	410	579	815	1 142	1 597	2 225	3 091	4 282	5 914
37	299	427	608	864	1 222	1 725	2 425	3 400	4 753	6 623
38	307	444	639	915	1 308	1 863	2 644	3 740	5 276	7 418
39	317	462	670	970	1 399	2 012	2 882	4 114	5 856	8 308
40	326	480	704	1 029	1 497	2 172	3 141	4 526	6 500	9 305

示例：如果你一次投入100元并增加10%的金额，20年后你的存款总额达到673元。

因此，你的财富随着利率和复利在增长

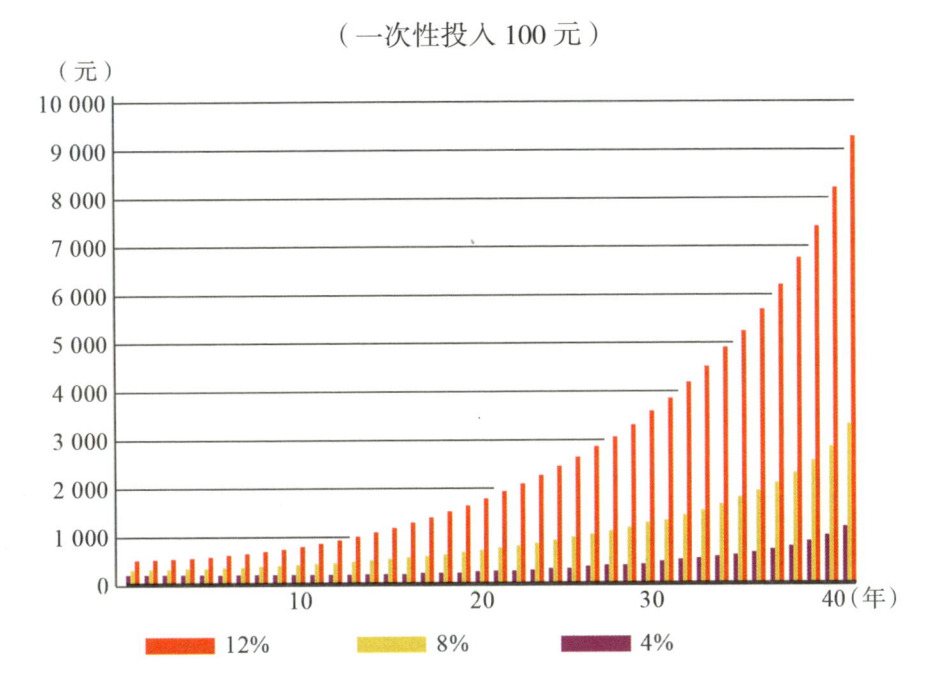

（一次性投入 100 元）

（元）

■ 12%　■ 8%　■ 4%

更快创造百万财富，又不用承担高风险的诀窍

这里的诀窍与前面提到过的定期储蓄相同，即按照涡轮发动机计划投资。

在左侧表格的各列中，你可以了解到如何按照所选的获利计划和投资周期来选择目标。

上面的图表显示了通过高收益率的涡轮发动机计划实现的高速增长。

实用小提示：如果你希望你的资本以每年高达 12% 的速度增长，那么在第 1 年年末，你需要填补差额，以达到 112 元的目标，第 2 年年末则需要填补差额，以达到 125 元的目标（如果你正在投资股票，那么在顺利的情况下可能不需要四舍五入）。

按照这个涡轮发动机战略，你就可以将你储蓄下的资本每年的增速稳定保持在 12%。

如果你最初选择一次性投入 10 万元人民币作为本金，也就是用表格中的数据乘以系数 1 000，那么按照年收益率为 12% 的涡轮发动机计划，20 年之后你就将拥有 96.5 万元人民币，30 年之后将达到 29.96 亿元，40 年之后将达到 93.05 亿元。

附录及专有名词解释　163

外汇风险

利差百分比	多年债券期限									
	1	2	3	4	5	6	7	8	9	10
3%	97	95	92	89	87	85	82	80	78	76
4%	96	93	90	86	83	80	77	74	72	69
5%	95	91	87	83	79	76	72	68	66	63
6%	95	90	85	80	76	72	68	64	61	58
7%	94	88	83	77	73	68	64	60	56	53
8%	93	87	80	75	70	65	60	56	52	48
9%	92	85	78	72	67	61	57	52	48	44
10%	91	84	76	70	64	58	53	49	44	41
11%	91	82	74	67	61	55	50	45	41	37
12%	90	81	73	65	59	53	47	42	38	34

示例：你比较复利为 4% 的外币。

示例：如果你以人民币 4% 的复利投资外币，外币在 8 年内不低于人民币现值的 74，这样外币投资等于或优于人民币投资。

外汇风险——通过设置汇率底线来规避

如果希望用外币进行的利息类投资和债券取得的结果不会比用人民币投资更差，那么，最多可以容忍外币的汇率降到什么程度呢？

这个计算的结果取决于买入时的数据。即外币利息减去人民币利息减去到期年限。

比如，从表格中可以看到，如果到期年限为 8 年，外汇投资的利率比人民币投资高出 4%，那么在这 8 年间，该外币与人民币的汇率最多可以下降到现在汇率的 74%。

如果汇率在 8 年之后仍保持在现在汇率的 74% 以上，那么，使用外币投资就很值得了。

相反，如果汇率跌至 74% 以下，那么，用人民币进行投资就能取得更好的结果。

为了规避这个风险，应该把汇率底线设置得比74%稍高一些（因为还有相应地手续费用）。

达到汇率底线意味着要么卖出使用外币投资的项目，要么通过远期外汇合约或卖出选择权来规避汇率下跌的风险。

但是，如果外汇汇率大幅波动，却没有显示出明显的下行（或上行）趋势，应该怎么办呢？

通常情况下，汇率底线必须每年设定一次，即第一年96%，第二年93%，第三年90%，等等。

当然，如果外汇汇率在第一年就急剧下跌，你就应该将手上持有的项目卖出去，这条汇率策略自然也是至关重要的。

或者无论情况如何，你都坚决持有8年，只有当汇率下跌至74%附近时才采取措施。

由此可见，当分析人士和"市场"认为外汇汇率已经被低估时，建议开始使用外币进行利率相关投资。

由于全球范围内信誉良好的债务人利率普遍较低，而利率之间的差异也非常小，外汇风险和汇率底线并不是主流话题。但是，与利率周期相关的经验表明，这个话题在未来成为主流的可能性并不能被排除。

自我检查——我有多富有？
你的个人资产金字塔

将你的资产以本国货币的形式纳入你的资产金字塔。

本国货币是你思考和生活的参考货币。

别忘了每年都要自我检查一下，比如固定在每年年初进行检查。

	有形资产 人民币	金融资产 人民币	有形资产 百分比	金融资产 百分比	合计 百分比
商品合约					
投机股					
期权、权证、杠杆型交易所交易基金					
期货、衍生工具					
金字塔顶尖投机项目一览					
股票及相关基金、交易所交易基金					
房地产及相关基金					
黄金、贵金属及相关基金、交易所交易基金					
无选择权的期权债券					
可转换债券					
短期债券及相关基金、交易所交易基金趋势					
外币					
有价证券账户、投资组合					

	有形资产 人民币	金融资产 人民币	有形资产 百分比	金融资产 百分比	合计 百分比
周期性发展的金字塔中间层投资项目一览 （需要进行投资管理）				（最多占总资产的30%）	
私有住宅、房地产					
净抵押贷款					
股票及相关基金、交易所交易基金					
艺术品、多余的汽车					
长期债券					
信用贷款					
货币市场投资					
现金					
储蓄／工资账户					
养老基金（最终付款）					
预期可得的遗产					
稳定不变的金字塔底层 （无须进行投资管理）				（最少占总资产的70%）	
总计			％	％	100%
正：有形资产		＋			
负：债务					
净资产					

自我检查——我有多富有？
你的个人资产金字塔

将你的资产以本国货币的形式纳入你的资产金字塔。

本国货币是你思考和生活的参考货币。

别忘了每年都要自我检查一下，比如固定在每年年初进行检查。

	有形资产 人民币	金融资产 人民币	有形资产 百分比	金融资产 百分比	合计 百分比
商品合约					
投机股					
期权、权证、杠杆型交易所交易基金					
期货、衍生工具					
金字塔顶尖投机项目一览					
股票及相关基金、交易所交易基金					
房地产及相关基金					
黄金、贵金属及相关基金、交易所交易基金					
无选择权的期权债券					
可转换债券					
短期债券及相关基金、交易所交易基金趋势					
外币					
有价证券账户、投资组合					

	有形资产 人民币	金融资产 人民币	有形资产 百分比	金融资产 百分比	合计 百分比
周期性发展的金字塔中间层投资项目一览				(最多占总资产的30%)	
（需要进行投资管理）					
私有住宅、房地产					
净抵押贷款					
股票及相关基金、交易所交易基金					
艺术品、多余的汽车					
长期债券					
信用贷款					
货币市场投资					
现金					
储蓄/工资账户					
养老基金（最终付款）					
预期可得的遗产					
稳定不变的金字塔底层				(最少占总资产的70%)	
（无须进行投资管理）					
总计			%	%	100%
正：有形资产		+			
负：债务					
净资产					

附录及专有名词解释

自我检查——我有多富有？
你的个人资产金字塔

将你的资产以本国货币的形式纳入你的资产金字塔。

本国货币是你思考和生活的参考货币。

别忘了每年都要自我检查一下，比如固定在每年年初进行检查。

	有形资产 人民币	金融资产 人民币	有形资产 百分比	金融资产 百分比	合计 百分比
商品合约					
投机股					
期权、权证、杠杆型交易所交易基金					
期货、衍生工具					
金字塔顶尖投机项目一览					
股票及相关基金、交易所交易基金					
房地产及相关基金					
黄金、贵金属及相关基金、交易所交易基金					
无选择权的期权债券					
可转换债券					
短期债券及相关基金、交易所交易基金趋势					
外币					
有价证券账户、投资组合					

	有形资产 人民币	金融资产 人民币	有形资产 百分比	金融资产 百分比	合计 百分比
周期性发展的金字塔中间层投资项目一览 （需要进行投资管理）					（最多占总资产的30%）
私有住宅、房地产					
净抵押贷款					
股票及相关基金、交易所交易基金					
艺术品、多余的汽车					
长期债券					
信用贷款					
货币市场投资					
现金					
储蓄/工资账户					
养老基金（最终付款）					
预期可得的遗产					
稳定不变的金字塔底层 （无须进行投资管理）					（最少占总资产的70%）
总计			―%	―%	100%
正：有形资产					
负：债务	+				
净资产					

繁荣很快就会受到压力的威胁。如果中央银行将短期利率调到了高于长期利率的水平，就宣告了股票市场中牛市的结束。如果利率上涨到明显高于通货膨胀率的水平，就宣告了黄金市场中牛市的结束。

衡量风险和信用

比如，标准普尔评级。

标准普尔等评级机构考察政府和企业的信誉，并评估相应债券和股票的违约风险。

评级范围从顶级水准（AAA = 3A）到破产（D）。在同一个评级组中会进行进一步细分，例如 AA+、AA、AA-。

如果一个国家被降级，例如从 AAA 到 AA+，这将同样适用于该国家的所有私营和国有企业。这也意味着他们必须在国际上为他们的债务支付更高的利息。现有债券的价格也将下跌。

标准普尔评级

AAA——最高的信用评级。无论在什么情况下，利息的支付和本金的偿还都可以得到保证。

AA——水准只比 AAA 低一点。有着优良的或良好的信誉，并且远高于平均水平。

A——仍然具有很高的安全性，但更容易受到经济环境变化的影响。总的来说仍然是好的、令人满意的信用评级。

BBB——中档或平均水平。安全通常情况下是可以得到保障的，在正常的经济发展环境中可以被认为是令人满意。

BB——仍然有足够的信用，但当经济环境出现问题时，就只能在有限的范围内支付利息或偿还本金。

B——信用不足。该项目的投机性质非常明显，缺乏长期的安全性。

C——信用不足。有很大的风险不能支付利息或偿还本金。

D——一个国家或企业已经失去了偿还债务的能力。

NR——没有评级（No rating）。

从 BBB 到 AAA 的评级是投资等级，BB 到 D 是投机等级，B 级及以下评级为垃圾债券。

为你的安全策略做出的结论：首先，你应该让银行工作人员或投资经纪人定期或至少每年一次按照信用评级将你所持有的债券逐个列出来。因为在短期的经济衰退中，降级的情况经常出现。或者你也可以要求你的经纪人，只要出现降级的情况就立刻通知你。

通过垃圾债券进行投机。如果你要对一个信用评级为 B 或 C 的债券进行投资，就必须进行风险计算。原则是买入 10 种价格已经跌至面额 90% 的垃圾债券。只要其中某一种能够涨回来，那么这笔投资就不会亏本了。

除标准普尔之外的其他评级机构：大公国际（中国）、穆迪（Moody's）、惠誉国际（Fitch）、德国信贷评级机构（Creditreform、Scope、GBB）、法国信用保险公司裕利安宜（Euler Hermes）。

国家（地区）信用评级

1	瑞士	37	立陶宛	73	阿尔及利亚	109	不丹	145	多哥
2	德国	38	拉脱维亚	74	阿塞拜疆	110	莱索托	146	马达加斯加
3	挪威	39	马来西亚	75	马其顿	111	卢旺达	147	塔吉克斯坦
4	瑞典	40	斯洛文尼亚	76	多米尼加共和国	112	黎巴嫩	148	伊拉克
5	卢森堡	41	意大利	77	玻利维亚	113	厄瓜多尔	149	古巴
6	加拿大	42	西班牙	78	突尼斯	114	坦桑尼亚	150	斯威士兰
7	美国	43	秘鲁	79	危地马拉	115	柬埔寨	151	格林纳达
8	新加坡	44	哥伦比亚	80	约旦	116	喀麦隆	152	布基纳法索
9	丹麦	45	印度	81	巴拉圭	117	蒙古	153	马拉维
10	荷兰	46	阿曼	82	塞尔维亚	118	巴基斯坦	154	马里
11	澳大利亚	47	泰国	83	阿尔巴尼亚	119	土库曼斯坦	155	冈比亚
12	芬兰	48	菲律宾	84	格鲁吉亚	120	斐济	156	莫桑比克
13	奥地利	49	冰岛	85	黑山	121	吉尔吉斯斯坦	157	毛里塔尼亚
14	新西兰	50	巴拿马	86	萨尔瓦多	122	巴布亚新几内亚	158	科摩罗
15	英国	51	特立尼达和多巴哥	87	塞浦路斯	123	瓦努阿图	159	利比里亚
16	法国	52	博茨瓦纳	88	加蓬	124	吉布提	160	也门
17	中国香港	53	乌拉圭	89	象牙海岸	125	汤加	161	尼日尔
18	韩国	54	匈牙利	90	尼日利亚	126	利比亚	162	委内瑞拉
19	比利时	55	罗马尼亚	91	亚美尼亚	127	所罗门群岛	163	海地
20	中国台湾	56	巴哈马	92	阿根廷	128	乌兹别克斯坦	164	塞拉利昂
21	日本	57	印度尼西亚	93	斯里兰卡	129	希腊	165	布隆迪
22	捷克共和国	58	葡萄牙	94	波斯尼亚	130	贝宁	166	乍得
23	智利	59	巴西	95	塞内加尔	131	伊朗	167	刚果金
24	爱沙尼亚	60	保加利亚	96	孟加拉国	132	白俄罗斯	168	几内亚比绍
25	卡塔尔	61	哥斯达黎加	97	肯尼亚	133	佛得角	169	阿富汗
26	阿拉伯埃米尔	62	俄罗斯	98	苏里南	134	缅甸	170	圣多美
27	中国	63	毛里求斯	99	安哥拉	135	基里巴斯	171	厄立特里亚
28	爱尔兰	64	克罗地亚	100	埃及	136	摩尔多瓦	172	几内亚
29	科威特	65	南非	101	牙买加	137	几内亚	173	中非共和国
30	斯洛伐克	66	土耳其	102	伯利兹	138	尼加拉瓜	174	叙利亚
31	波兰	67	巴林	103	加纳	139	尼泊尔	175	苏丹
32	马耳他	68	摩洛哥	104	圭亚那	140	乌克兰	176	津巴布韦
33	百慕大	69	哈萨克斯坦	105	赞比亚	141	东帝汶	177	南苏丹
34	以色列	70	越南	106	洪都拉斯	142	老挝	178	朝鲜
35	沙乌地阿拉伯	71	巴巴多斯	107	塞舌尔	143	埃塞俄比亚	179	索马里
36	新墨西哥州	72	纳米比亚	108	乌干达	144	刚果		

资料来源：机构投资者。

机构投资者会每年两次在金融从业者的（秘密）圈子中询问他们对各国信用评级的估计，数值范围从 0~100。

国家信用评级——第一名：瑞士（评分来自 www.institutionalinvestor.com 2016 年数据）。

注：截至 2017 年。

道琼斯上证指数（人民币）表中的图例

（冬季和夏季的股票）

1月	2月	3月	4月	5月	6月	7月	8月	9月	10月	11月	12月	年	冬季		夏季		历年	
														指数		指数		指数
											168	2002		100		100		100
183	184	184	185	193	181	179	172	165	160	165	169	2003	0	100	−14	86	1	101
182	192	197	179	173	154	154	148	155	147	150	140	2004	12	112	−18	71	−17	84
133	145	130	127	117	119	117	123	123	115	113	116	2005	−14	97	−10	64	−17	69
126	127	126	136	157	159	149	151	158	161	180	207	2006	19	115	18	76	78	124
247	269	299	387	421	388	461	536	562	561	482	548	2007	140	275	45	110	164	326
478	492	395	415	380	296	302	255	239	176	196	197	2008	−26	203	−58	47	−64	117
224	235	276	289	302	339	393	305	320	351	380	388	2009	64	334	21	57	97	231
356	368	377	349	324	290	325	332	337	379	362	356	2010	−1	332	9	62	−8	212
349	371	371	367	340	347	342	327	294	308	290	265	2011	−3	321	−16	52	−26	158
277	298	277	298	299	279	261	252	260	257	242	285	2012	−3	310	−14	45	7	170
303	304	285	278	300	253	256	273	286	279	290	277	2013	8	336	0	45	−3	165
267	268	265	265	267	291	293	315	323	358	430	2014		−5	319	22	55	55	256
421	440	506	600	632	580	486	429	410	458	466	484	2015	86	592	−24	42	12	288
369	363	408	401	398	398	407	422	413	425	445	423	2016	−12	519	186	44	−12	252
430	439	435	424	420	435	449	459	458	465	461	459	2017	0	519	10	48	8	273
480	451	439	427	427	392	398	378	390	360	362	350	2018	−8	475	−16	41	−24	208

■ 冬季 = 投资从 11 月 1 日到 4 月 30 日

■ 夏季 = 投资从 5 月 1 日到 10 月 31 日

■ 日历年 = 投资从 1 月 1 日到 12 月 31 日

股票、黄金、白银的表现

（2002年以来原始货币和人民币）

市场	货币		中国股票	全球股票		美国股票		瑞士股票		黄金		白银	
指数	美元	瑞士法郎	道琼斯上海	摩根士丹利资本国际世界指数		标准普尔500指数		瑞士业绩指数		盎司		盎司	
货币	人民币	人民币	人民币	美元	人民币	美元	人民币	瑞士法郎	人民币	美元	人民币	美元	人民币
2002	3.85	6.32	168	921	4 900	880	3 386	3 211	17 083	248	1 341	4.8	18.5
2003	4.86	6.16	169	1 255	7 726	1 112	5 407	3 942	24 267	408	1 983	6.0	29.0
2004	5.82	6.66	140	1 487	9 908	1 212	7 052	4 232	28 198	429	2 497	7.2	42.0
2005	5.03	6.57	116	1 679	11 028	1 248	6 283	5 719	37 562	514	2 589	8.9	44.7
2006	5.27	6.36	207	2 045	13 012	1 418	7 470	6 908	43 956	636	3 349	13.0	68.4
2007	5.57	6.34	548	2 251	14 269	1 468	8 173	6 903	43 758	826	4 599	14.9	83.0
2008	5.59	6.41	197	1 232	7 898	903	5 053	4 551	29 176	795	4 449	11	63
2009	4.91	6.30	388	1 597	10 053	1 115	5 471	5 616	35 353	883	4 331	16.9	82.7
2010	6.71	6.50	356	1 696	11 022	1 258	8 444	5 791	37 636	1 359	9 123	30.9	207.7
2011	7.82	7.29	265	1 425	10 384	1 258	9 833	5 326	38 811	1 572	12 289	27.8	217.2
2012	7.30	6.73	285	1 630	10 972	1 426	10 411	6 291	42 345	1 645	12 008	30.3	221.5
2013	7.48	6.68	277	1 917	12 811	1 848	13 818	7 814	52 221	1 187	8 871	19.4	145.3
2014	6.88	6.71	430	1 791	12 018	2 059	14 155	8 849	59 377	1 206	8 290	15.6	107.3
2015	6.49	6.47	484	1 693	10 950	2 044	13 273	9 094	58 820	1 049	6 812	13.8	89.8
2016	6.61	6.74	423	1 691	11 394	2 239	14 805	8 946	60 278	1 151	7 610	16.0	105.7
2017	6.52	6.67	459	2 103	13 703	2 674	17 424	10 752	71 759	1 303	8 490	17.0	110.5
2018	6.87	7.01	350	1 871	12 854	2 507	17 222	9 830	68 908	1 281	8 803	15.5	106.5
人民币收益													
2002—2018			108%		162%		409%		303%		556%		497%
2008—2018			78%		63%		241%		136%		98%		68%
2008			−64%		−45%		−38%		−33%		−3%		−24%

DJSH = 道琼斯上海指数，MSCI = 摩根士丹利资本国际世界指数，标准普尔 = 标准普尔，SPI= 瑞士业绩指数
网站：oakda.com (1USD 换 CNH，1CEF 换 CNH)，six-swiss-exchange.com (SPI)
网站：stockcharts.com（$ DJSH, SMSWORLD, $ SPXTR, SGOLD, $ SILVER）

专有名词解释

A

按年计算：计算收益时按照日历年计算，或以每十二个月为一个时间单位。

B

Beta 因子：描述一只股票与股市总体波动水平相比的波动幅度强弱的数字，波动更强，则 Beta 因子大于 1；波动更弱，则 Beta 因子小于 1。

崩溃：股市在一天之内暴跌超过 20%。

保证利率＝技术利率：法定保险最低利率。

边际税率：收入越高，税率的增幅越大。

表现：单个资产或投资的整体结果；包括利息或股息等分配，连同价格的收益或亏损。

保险单：保险合同。

保险分红：除了保证利率之外额外支付的奖金。

波动性：股票市场或个股的（历史）数据波动。

被动投资：使用指数基金和交易所交易基金投资于股市指数。

C

持续时间：以数学的方式加权表示某个债券账户的平均剩余到期时间。

超额配售选择权（绿鞋）：当某只新股票需求非常高时，发行人提供的额外的股票。

参与证书：在瑞士，参与证书指由瑞士的公司发行的没有表决权的股票。

参考货币：人们生活中会用到的并且思考价格时认知中的"本国货币"；结算银行存款时使用的货币。

差价（Spread）：买入价和卖出价之间的差额；高价差＝非流动性市场。

拆股：将一只（高价）股票拆分成更小的更好操作的单位；相反的操作就是反向拆股。

差价：价格区间。

策略基金：以投资为目标的基金。

储蓄涡轮发动机计划：根据自己选择的储蓄路径（例如8％的收益率）进行储蓄和投资，并定期（用工资、奖金和额外收入）填补缺额。

超买（oversold）：指个股或股市下跌太猛，并且有回升前景。

成长股：有良好商机和盈利前景的股票。

D

多元化：（推荐）对多个项目进行分散投资，而不是只投资一个项目。

道琼斯（工业）指数：美国最知名的股票指数；只包含30只股票。

道德投资：不包括某些特定投资项目的基金或交易所交易基金，例如军备、酒精、烟草等。

定期存款：货币市场短期利息类投资，期限通常长达12个月。

地板：证券价格下跌时设置的下跌底线。

对冲：特意减低一项投资的风险。

对冲基金：投资基金，每个月只能交易一次。投资目标和方法不同，有时非常不透明，非常依赖于各自投资经理人的成败，部分会收取高额的固定基本酬金和红利。

大型股：高市值企业的股票，大多是蓝筹股。

抵押贷款：抵押证券或证券账户后放贷的贷款。

动量交易策略：即预先对股票收益和交易量设定过滤准则，当准则同时被满足时就买入或卖出股票的投资策略。

多管理人基金：基金内基金，由多个基金组成的投资基金。

掉期交换：将买入和卖出的操作结合在一起，swap 的字面意思是交换。

到期日：债券偿还或不再交易选择权的日期。

冬半年策略：只在 11 月到 4 月期间，也就是股市形势较好的冬半年持有股票。

定期养老保险：在一定时间内支付的私人保险养老金；相反，终身发放的是终身养老保险。

E

二线股票：股票市场上的微型、小型和中型股。

F

发行价（回购价）：基金凭证的买入价格（销售价格）。

封闭式基金：基金的发起人在设立基金时，限定了基金单位的发行总额。筹足总额后，基金即宣告成立，并进行封闭，在一定时期内不再接受新的投资。

复合收益：价格收益或价格损失加上利息收入得出的总收益。

放松管制：稀释或废除法律、规范、法规。

发行＝启动，新股的发行，初次公开发行（Initial Public Offering）。

发行人风险：发行证券的金融机构的信用质量，例如"综合的"金融产品。

浮动利率债券：根据市场利率水平变化的可变息债券。

房地产基金：投资于房地产的投资基金或交易所交易基金，并通常可以用于抵押贷款。

附加费用：除了抵押贷款的费用之外一处房地产的其他费用。

附有赎回选择权的债券：附有以提前订好的价格买入同一公司或其他公司股票的选择权的债券。

风险：高风险的信号是高波动性、高 Beta 因子、收益率明显高于市场利率。

风险保险＝人寿保险。

返款担保：如果养老金领取者在领取完退休金之前提前死亡，未使用的退休金将返还给他的继承人；如果选择"不要返款担保"，那么这种情况下继承人将不会收到返款，但发放的养老金金额会更高。

粉饰业绩：机构投资者试图使自己的业绩看起来比实际上更好。

G

股票：是股份公司发行的所有权凭证，每股股票都代表股东对企业拥有一个基本单位的所有权，（可变的）红利就是每只股票的"利息"。

股份凭证：投资证书，投资基金中的股权契据。

股权公司：专门持有其他公司一定数量股票的股份公司。

股市指数：一个国家、地区或行业的股市价格水平参数。

股市行情图：股票市场价格的图形表示。

股息：某一只股票的现金分配。通常每年一次，但是也有可能每三个月进行一次（在美国）。

固定收益投资＝债券。

公众持股量：一家企业通过股市提供给公众持有的股票部分。

高水位法：只有当业绩超过了托管账户的历史最好水平时，资产管理员或投资经理人才能收到分红。

高收益债券：垃圾债券——收益率很高的垃圾债券。

购买力平价：比较两国的价格水平，并按照本国货币进行折算。

挂牌上市：一只证券开始在证券交易所进行交易。

杠杆/杠杆效应：如果股票上涨1%，相关看涨期权上涨5%，则杠杆值为5。

管理费用：资产管理酬金，既有可能只包括固定基本酬金，也有可能既包括固定基本酬金，又包括分红。

共同基金：美国对投资基金的称谓。

股东价值：企业股东所拥有的普通股权益的价值，是不必等于股市价格的股票的价值；通常被用来或多或少地提高股票价格。

规模：一家股份有限公司的市值多少。

股利：红股，而非现金股息。

股票代码：证券在证券交易所的代码。

国库券（短期投资）、国债（中期投资）和国库基金（长期投资）：按期限从短到长排序的美国国债,从 30 天到 30 年。

拐点:股票等市场价格下跌时转而上涨的转折点。

过高估计:对未来的收益或机遇估计得太高。

管理权限:(部分授权或)全权委托资产管理员对证券进行买卖,但不能将资产取出。

H

红利:支付给基金凭证所有者的收入。

行业基金/交易所交易基金:针对个别行业进行投资的股票基金/交易所交易基金,生物技术、科技、水利等。

货币:既有交换职能又有存储职能。

货币市场=定期存款。

货币市场基金:投资于短期货币工具的基金。

货币市场应收账款:非银行存款,即来自机构、中央银行、保险公司的货币工具。

混合保险:包含死亡保险的人寿保险,同时还兼具储蓄和投资的功能。

黄金债券:含买入黄金选择权的债券;到期时债券会自动转换为黄金。

黄金十字:股市买入信号,50 日均线从下往上穿过 200 日均线(见死亡十字)。

宏观经济学:一个国家的宏观经济图景或国家综合结构的宏观经济情况。

货币风险:外汇投资相对于"本国货币"的风险。

汇率底线:经过计算的某特定汇率,指的是当外汇汇率降到该值时,外币债券与本国债券相比不再具有优势。

J

基本价格=初始价格(英语:Strike Price),例如计算期权的基本价格。

基准:评估投资项目或项目表现的参考市场或基准市场。

津贴:利润分享。

经纪人:证券、保险、房地产等投资项目的经纪人或代理商。

计算机化投资=机器人顾问。

经济萧条：经济危机带来负增长和价格下滑。

金融衍生产品：从简单到非常复杂的金融产品，由期权、利息类投资、股票、期货混合组合。

降级：降低国家、企业、债券的信用评级。

阶段计划：老年人财务消费阶段的分配；例如：尽可能长时间地从股票的高收益率中获利。从85岁开始，通过终身养老保险规避极为长寿的风险。

阶段性计划：关于资产创建及消耗的策略。

交易所交易基金：和股票一样在交易所进行交易的、成本低廉的投资基金；对股票市场指数、行业、有息证券、货币、股票等进行投资；将针对"实物地"投资（交易所交易基金中包含股票、黄金等）或"综合地"投资（交易所交易基金中没有实质商品，只有期货、期权等证券）进行区分。

金融机器人＝机器人顾问，计算机化投资。

金融资产＝货币性资产。

金融科技＝机器人顾问。

基金＝投资基金，投资信托。

基金凭证＝投资证书。

基金返款计划：通过定期出售基金凭证获得（退休）养老金。

基金商店：不同出处基金的独立提供者。

基本分析：基于利润、现金流量、销售额、收入、支出等基本数据做出的分析。

基金内基金＝多管理人基金。

交易对手风险：当交易对手破产时可能损失的金额；例如：将黄金作为金条买入和存储的"实物的"黄金交易所交易基金基本上不包含交易对手风险；"综合的"黄金交易所交易基金有好几重风险：提供基金的银行、基金公司、基金公司的交易对手、期权和期货市场的流动性等。

金融资产：所有形式的利息类投资，包括作为投资者借钱给交易对手、银行、国家、企业等。

机构投资者：主权财富基金、保险公司、养老基金、投资基金等大型投资机构。

具有投资职能的保险 = 人寿保险。

价格收益：一个投资项目卖出价和买入价之间的正（免税）差额。

禁售期：创始人或现有股东不能出售其股份的时间阶段。

价格指数：不考虑股息支付的股票市场趋势；包括股息 = 业绩指数。

价格收益比率 = 市盈率。

机器人顾问：资产经理人和托管银行一起管理客户的资产，大部分投资于交易所交易基金。

技术利率：保证利率。

价值股：一个价值股投资者主要投资被低估的优质股票。

K

看涨期权：是指期权的购买者拥有在期权合约有效期内按特定的价格买进一定数量股票或证券的权利。

看跌期权：有权在一定时期内以固定价格卖出一定数量标的物。

可持续投资：道德的可持续的投资。

可转换债券：在规定期限内以预定价格转换为同一家公司的一只股票的债券。

可转换溢价：指的是通过可转换债券购买股票会贵出多少。

空头头寸：卖空。

L

履约价：行使价，执行价。

篮子：某个行业或某个地区相关股票的合集。

蓝筹股：一流股票，主要来自国际康采恩（蓝筹是使用扑克牌的赌博游戏中价值最高的蓝色筹码）。

垃圾债券：信用质量或信用评级从差到很差的垃圾债券。

LETF：多杠杆的杠杆型交易所交易基金。

流动性市场：市场上有很多买家和卖家；供求之间的差价很小。

流动性：现金、短时间内就可用的流动资金，包括短期存款。通常也可以称为偿付能力。

流动性风险：一个市场的供应不足，无法交易。

利息再投资：利息、股息和红利不会被投入交易所交易基金或投资基金中去，而是进行再投资。

低息债券：利息下降时价格大幅上升；利息上升时价格大幅下降；罕见的极端情况是零息债券。

零息债券：利息率为零的债券。

利息：投资者向国家、银行、公司借款的奖金或收益；来自信誉评级很好的国家的国债被认为是"零风险的"。

利息息票：债券的固定年度分红，直到本金偿还完为止。在美国是每半年支付一次。

利息差额：通过另一个投资项目可以多获得的利息，也被称为"阿尔法"。

利滚利：每经过一个计息期后，都要将所生利息加入本金，可以加速资产的积累；如果是债务利滚利的话，也会加速债务的恶化。

利率风险：当利率上升时，债券价格下跌；利率下降时，债券价格上涨；上升的利率会给股市踩上一脚刹车。

M

买入报价和卖出报价：递价和出价；收购价和售价。

免费账户：免费保管该公司本身的股票。

美钞：美国（绿色）钞票的名称。

卖空：卖出尚未拥有的证券。理论上是先借贷卖出，再在将来以更低的价格买入归还（＝空头回补，轧平）。

每年：每十二个月或每一个日历年。

MSCI：摩根士丹利已经为许多国家制定了的股票市场指数，还设置了全球股市指数"World"。

N

逆向投资：根据当前趋势反向买入或卖出证券。

牛市，看涨的：对市场趋势的乐观预期。反义词：看跌的。

逆向投资法：根据当前趋势反向进行投资。

牛市：Bull Market（英语），市场的上行趋势。

逆利率：短期利率高于长期利率，通常是经济衰退的前兆。正常利率曲线：长期利率高于短期利率。

年度红利发放＝股息。

O

欧洲共同市场：不扣除源头税的各种不同货币形式的有息证券市场。

P

平均成本法＝平均价格法；在一段时间内总是买入相同金额的投资产品，可以降低平均成本价格。

平均数量法：在一段时间内总是购买相同数量的投资产品，比平均价格法成本更高。

平均价格法＝平均成本法。

平价债券：票面价值的100%，一只债券的发行价或回购价是票面价值的100%。价格高于票面价值叫溢价债券；价格低于票面价值叫折价债券。

PEG指标：市盈率相对盈利增长的比率，将市盈率与企业的增长联系起来。

评级：对一个国家、一种货币、一只债券或一只股票进行的信誉或信用质量评级。知名的评级机构有标准普尔、穆迪、惠誉等。

Q

牵头经理人：某次公开发行的最高责任银行或机构。

期货：关于股票、指数、货币、商品等的期货。

期权：有权在一定时期内以固定价格买入一定数量标的物（看涨期权）或卖出（看跌期权）

权证＝期权证明，非标准期权。

启动：首次公开发行、上市、公司首次在证券交易所启动。

趋势：在最少六个月的时间内市场的起伏；长期趋势：周期。

期权证明：权证，非标准期权。

R

日间交易：根据股票在同一交易日内的波动进行的股市投机。

人寿保险：具有投资职能的保险，可针对死亡、意外或伤残情况进行理赔。要行使投资职能，既可以一次性付清保险费，也可以定期缴纳保险费。其他名称：混合保险，养老保险。

人寿保险：不具有投资职能的保险；在保单生效期间可以针对死亡情况进行理赔。

软着陆：经济增长放缓，但避免经济衰退。

S

数个百分点；大部分交易所交易基金（ETF-Exchange Traded Funds）与之相比都更为便宜。

市场订单（Market Order）：没有特殊条件的股市订单；相反的概念是限价订单（Limit Order），即只在达到期望中的价格时才买入或卖出。

市值：一家企业发行的所有股票的总价值。

收支平衡点：开始获利的界限值。

售价（Ask）：出价，卖方提供的证券；货物的价格。

所得税：针对劳动收入或商业收入的税收。

收益税：对股息和利息征收的高达20%的税。

事件风险：不可预知事件的风险。

收购价：英语：Bid，递价。

上市：私人企业开始向公众发行股票，也称IPO（首次公开募股）。

首次公开募股：上市。

市盈率（P/E）：市价盈利比率——公司股价除以每股盈利。市盈率越低，股票越有吸引力。

市场风险：由于市场波动造成的亏损风险。

市场利率：通过国债（主要是十年期国库券）或所有国内债券进行衡量的现行市场标准利率。

市盈率：价格收益比率。

实物的：投资于真正的股票、债券、贵金属的交易所交易基金或投资基金；而不是在证券、期权、期货中"综合地"投资。

私募股权基金：尚未在证券交易所上市的股票的基金。

实际利息：扣除通货膨胀后的市场利息。

收益率："直接"收益率或现金收益率，即利息或股息占债券或股票价格的百分比；"间接"收益率还包括债券还款时或到期时的价格收益或价格亏损。

手：股市交易的最小单位数量。

时机：低买高卖，说起来容易做起来难。对资产金字塔上面两层的与趋势相关的投资项目非常重要。

死亡赔偿金：在投保人死亡时支付的赔偿金。

死亡十字：股市卖出信号，50日均线从上往下穿过200日均线（另见黄金十字）。

3A等级：信用评级，顶级信用质量AAA。

受限注册股份：所有权和投票权受到限制的注册股份，从而保护公司避免遇到不愉快的股东或避免遇到恶意收购。

收益率：古英语中利息率或收益率的说法。

时间范围：投资时间的长短，决定了对投资项目的选择。

收益率曲线：当10年期国债的长期利率高于3个月的短期利率时，是"正常"情况；在相反的情况下，收益率曲线是"反向的"，并且意味着中央银行踩下了刹车，以及通货膨胀和经济过热。

T

摊还：分期偿还或全部偿还抵押贷款或债务。

投资基金 = 投资信托：根据申报目标投资对股票、债券、地产、货币、行业等领域进行投资的公司。作为投资者将会买入股份凭证或基金证书。风险相比于个股或债券更加分散化，由职业经理人员管理。管理费用可以达到投资资产的百分比。

投资目标基金：追求特定目标（如增长、安全性、特定期限、周期性高收益）的投资组合基金的概念集合。

套利：对不同股市之间的（小）汇率差异的利用。

图表专家：根据股市行情图表或股市价格走势对股市未来走势进行预测的分析师。

通货紧缩：消费价格下降；反通货膨胀：消费价格仍在上涨，但增速下滑。

托管账户：资产——股票、债券等投资项目的总资金量，即关于证券的，委托给银行或经纪人的资产。

托管费：银行或经纪人处理托管账户收取的季度或年度费用。

贴水：与可比的投资或基准相比较低的估值；反义词：升水。

通货膨胀：3.5%的年通货膨胀率意味着价格将在20年内翻番，或者人民币价值将减半。

通货膨胀投资项目：有形资产，如房地产、黄金或白银、商品、股票等；相反的概念是金融资产。

投资信托 = 投资基金。

投资证书 = 投资基金的股份凭证。

投资组合：由投资人或金融机构所持有的股票、债券、衍生金融产品等组成的集合。

投资组合基金：具有混合资产的投资基金。投资于股票、债券、其他投资项目，有多种不同的类别：期限不同的、保守类的、动态的、有侵略性的等等。

TIPS：通胀保值类债券；可以抗通胀的美国国债。

W

无记名股票：在股票票面和股份公司股东名册上均不记载股东姓名的股票。

微型股：最小的股份有限公司。

X

熊市（Bear Market）：市场持续强劲的下行趋势；与之相反的是牛市（Bull Market）。

熊市，看跌的：对市场趋势的悲观预期；反义词：看涨的。

现金收益：根据已支付的股息或购买价利息计算的直接收益。

向下修正：对股市过高估计后的股价下跌。

限价订单：以指定的价格或更优的价格买入或卖出证券。

夏普比率：表明一项投资面临的风险是大还是小。

小型股：小型股份有限公司。

选股：挑选出有前途的个股。

逊于大盘：表现低于基准、指数或同等水平的投资项目。

信用评级：一个国家、一种债券或一个债务人的信用质量。信用评级越差，债务人就必须提供越高的利息。

现金流量：一家企业在扣除折旧费和准备金之前的年利润。

息票：一只债券的利率。

息税前利润：不扣除利息也不扣除所得税的利润。

息税前利润率：息税前利润占销售额的百分比。

新兴市场：年轻的新兴经济体。

现金债券：连续发行的不同期限的银行债券。

Y

延期养老金：支付保险金或签订合同之后几年才开始返还养老金的养老保险。

佣金费：证券交易中支付给银行和经纪人的费用。

有价证券发行人：证券的发行人，将证券发放到市场的金融机构。

因子投资：根据（累积的）标准动量、价值、（小）规模、质量、（最小化的）波动进行投资。

佣金：经纪费，代理商费用。

应计利息：自上次支付利息以来计算的应计利息。

养老金：退休时期的资产。

业绩指数：包括再投资股息的股票市场指数；不包括股息＝价格指数。

溢价：所支付的实际金额超过证券或股票的名目价值或面值；反义词：折价。

源头税：扣除利息和股息时扣除的5%、10%、15%或20%的所得税。如果该税的一部分此后可以再返还，也可以称为预扣税。

养老金：一定股本、资产或养老保险金的定期消耗，包括直至生命的尽头都始终保证发放的养老金（终身养老保险）或仅在一定时期发放的养老金（定期养老保险)。

有形资产：通货膨胀投资项目，可以防止（高）通货膨胀带来的损失，即房地产、黄金和白银、大宗商品、股票等，投资者是该资产的（共同）所有者。相反的概念是金融资产，这种情况下，投资人是出资者或债权人。

远期交易＝期货，约定将在日后以固定价格买入或卖出证券、货币、大宗商品的合约。高度投机，因为在有限的投入中可能有多重杠杆。

优先股：在股东大会上拥有更多投票权的股票，并且/或者可以保证最低股息或收益。

Z

总费用：所有费用的总和，例如基金或交易所交易基金的总开支比率（TER）。

债券（bond），有固定利息的长期有价证券。

资产配置/组合：股票、债券、房地产、贵金属等资产或账户的分配。以最佳的分布方式为目标，即较低的风险和虽然风险较低，但仍有可能获得的高收益。

自下而上：投资风格，关注点在于个别公司的表现和管理，而不是经济或市场的整体趋势；相反的投资风格是：自上而下。

整付保费：一次性交付清保险费的保险。

资产管理分红：绩效费用，最好在资产管理员达到目标回报或通胀目标时开始发放。

总回报：一个投资项目的表现。

增长：成长型投资者投资高增长企业的股票。

指数：股票、债券的数据统计图像，也可以是通货膨胀等经济系列数据的统计图像。

指数基金：反映股市指数、行业指数或贵金属价格的投资基金或交易所交易基金。

指数化：与通货膨胀率一起上涨，如利率，养老金或者薪水。

资本收益＝价格收益。

资本市场：中长期债券市场＝货币市场。

正相关：两个投资项目上涨和下跌的步调一致；负相关：如果一个投资项目上升（如利息），则另一个（如股票）下降。

终身养老保险：从选定的年龄开始获得终身养老金。本书推荐的年龄为85岁。

中型股：中型股份有限公司。

注册股票：其股份所有人将被登记在公司的股份登记册上，以使其获得投票权，以避免出现不受欢迎的股东或买家。

资产净值：一项投资的财产净价值。

债券：一家企业或公共机构的债务债券。原始债券在固定期限内具有固定利率。

再平衡：通过买入（降价的、保留的投资项目）和卖出（涨价的投资项目）将投资组合恢复到最初计划的资产组合比例，通常每十二个月进行一次。

智能贝塔：专注于股息、季节性、规模、价值及波动性等因素的金融产品或交易所交易基金。

止蚀盘：当股价下跌至一定价格时自动出售股票的指令，规避风险的一种手段。

综合的：通过证券、期权、期货等进行投资；相反的概念是"实物的"投资。

TER：总费率，交易所交易基金或基金的年度总费用占投资金额的百分比。

自上而下：投资风格。影响决定的首要因素是经济或市场的整体趋势，其次才是个别公司（个股）的表现和管理。

总收益指数 = 业绩指数。

资产金字塔：这是本书的核心概念。这个概念描述了应该如何伴随着风险意识和策略创造和管理财富，始终保证有至少70%的资产位于资产金字塔的底层。

总成交额/量：交易额或交易的证券数量。

证券投资组合：一名投资者（在一家银行）的所有证券的合称，也称为投资组合、资产组合或资产。

周期性股票：特别依赖于经济发展周期和利率发展周期。

周期：投资市场上长期的起伏趋势，有可能长达数年。

致谢信

作者希望对启动本书的合作方和朋友们表示衷心地感谢!

Brian McCawley 与我们分享了他的有关中国市场和社会的长期经验。

瑞伯职业技能培训(上海)有限公司 IfFP 瑞士财富管理专业培训中心(IfFP China)CEO 钟科(Jessica)女士提供了很好的后勤支持。

Jacques 的妻子 Judith Trachsler-Botts 再次证明了她在工作超负荷时的耐心和宽容。